Christiane Neudecker

Die Welt wartet

Christiane Neudecker

Die Welt wartet

Unheimliche Geschichten

Luchterhand

Inhalt

Für immer und nie   7

La Vuelta   61

Wem du traust   81

Die Welt wartet   105

Totläuferin   195

Die Löschung oder: [Strg]+[Shift]+[Entf]   209

Point Nemo   237

Für immer und nie

Der Fluss funkelt. Unten, von der Engelsbrücke aus, könnte man sehen, wie brackig und von Algenschaum und Plastikmüll durchzogen der Tiber ist, aber von hier oben zeigt sich Rom in allerbestem Licht. Die Abgase der Autokolonnen versehen alles wie mit Weichzeichner, und die Herbstsonne taucht die von Taubenkot ganz pockigen Kirchkuppeln in goldenen Glanz.

Adrian versucht, sich weiter rückwärts über die Brüstung der Engelsburg zu biegen, aber es gelingt ihm nicht. Der hüfthohe Glaszaun, den sie vor die Steinbrüstung gesetzt haben, ist ihm im Weg. Er seufzt. Das Problem ist der Winkel. Die Sonne steht falsch. Wenn unter ihm die Stadt leuchtet, ist er eine Silhouette.

Ein Anfängerfehler ist das. Normalerweise berechnet er den Sonnenstand und richtet seine Photosessions danach aus. Oder er hat seine Ausrüstung dabei, seinen Tripod, oder wenigstens den Saugnapf aus Silikon, mit dem er sein Handy überall befestigen kann. Aber heute hat er sich mitreißen lassen, so wie überhaupt dieser Tag ihn mitreißt. Noch am Vormittag war mit der Einladung zu diesem Casting nicht zu rechnen gewesen. Dann kam der Anruf: Für eine Rolle in einer deutsch-italienischen Serie wolle man ihn vorsprechen lassen, ja, morgen vor Ort, nein, nicht online – und schon Stunden später stieg er in Fiumicino aus dem Flugzeug. In einer kleinen Pension hinter dem Bahnhof Termini warf er seine Sachen ab. Sein Zimmer ist winzig, ohne Bad und ohne Balkon, ohne Spiegel, dafür mit hoher Stuckdecke, grünen Damastvorhängen und mit einem durchgelegenen, mit der Wand verschraubten Einzelbett, das er seinen Fans und Followern ganz bestimmt nicht zeigen wird. Im Schreibtisch entdeckte er den versprochenen Kühlschrank und verstaute dort die Einkäufe, die er im Untergeschoss des Bahnhofs noch schnell erstanden hatte: eingelegte Artischocken und Oliven, Mozzarellabällchen mit grünem Pesto, Salami, Cocktailtomaten und ein paar Dosen Peroni. Dann ging er sofort los, hinein in das Gewimmel, durch Gassen und über Stufen, bis zur Engelsburg, hinauf auf ihre Aussichtsplattform, die Terrazza dell' Angelo. Rom von hier oben im Sonnenuntergang, das war das Ziel. Oder genauer: er, Adrian, von der Ewigen Stadt umsäumt.

So schwer kann das nicht sein.

Adrian dreht sich hin und her, das Smartphone in den Himmel gereckt. Auf dem Bildschirm kann er sein eigenes Gesicht sehen. Er sieht fahl aus. Nur seine Augen leuchten ihm aus jeder Position entgegen, das Blau, das seine Agentur so gerne preist: ein Schauspieler, in dessen Blick man versinkt. Aber dieser Blick wirkt jetzt müde, man sieht ihm die Erschöpfung an. Direkt innerhalb der App wird er das Bild aufnehmen müssen und einen der Schönheitsfilter anwählen, dann muss er sich nicht umständlich selbst an die Bearbeitung machen. Das Problem ist, dass Instagram die Nutzung von Filtern inzwischen kennzeichnet. *Glamour-Filter by Koknox* plärrt es unter den Videos und Bildern hervor, jeder kann sehen, dass man sich virtuell verschönern musste, aber das ist ja das Ziel. Die Nutzer sollen unterscheiden zwischen Sein und Schein.

Als wäre es dafür, denkt Adrian und dreht sich noch etwas weiter nach links, nicht haushoch zu spät. Die Wirklichkeit ist längst verloren, sein Beruf ist dafür der Beweis. Das hat er vor Kurzem auf der Bühne so gesagt, auf einem Filmfestival. Er sprach in die vielen Handykameras hinein, deren Frontaugen ihn aus dem Zuschauerraum anstierten. Der Moderator, der der Einzige war, der sich in diesem toten Raum noch bewegte, nickte ihn gelangweilt an.

Adrian seufzt noch einmal. Er muss sich beeilen, bevor das Licht verschwindet. Es ist wichtig, dass er heute noch postet, dass er Likes und Kommentare einsammelt, bevor er morgen zum Vorsprechen geht. Seine Beliebtheit in den sozialen Medien kann, das weiß er, für die Filmproduzenten das Zünglein an der Waage sein. Vielleicht kann er sein Handy auf einer der weißen Steinbänke absetzen und sich mit Selfie-Modus und zehn Sekunden Zeitverzögerung aufnehmen, darin ist er geübt. Oder er bittet eine der Touristinnen aus der japanischen Reisegruppe, die sich da unter der hoch auf der Burgspitze thronenden Engelsskulptur zusammenflockt, ihn zu photographieren. Aber das geht meistens schief, niemand hat einen besseren Blick auf Adrian als er selbst.

Dieser Engel ist überhaupt ein tolles Motiv. Wie der da mit weit ausgebreiteten Schwingen sein Schwert zückt. Das Haar so lockig, die Gesichtszüge ebenmäßig, der ganze bronzene Körper kraftvoll, bis in die Flügelspitzen hinein. Ein Selfie mit dem muss her.

Aber der Engel ist hoch oben, Adrian muss sich auf dem steinernen Terrassenboden auf die Zehenspitzen stellen, um sie beide zusammen aufs Bild zu bekommen. Zwischen ihnen gähnt der Ausgang, durch den man aus der Burg hinaus auf die Engelsterrasse tritt, das stört ihn, aber es lässt sich nicht ändern. Irgendwo beginnt eine Glocke zu schlagen, und gerade als Adrian abdrückt, stürzt ein Greis durch die Türöffnung, mit wirrem Haar und zuckendem Blick. Auf seinem Screen kann Adrian sehen, wie der Alte in seinem Rücken den Mund aufreißt und direkt auf ihn zustürmt. Er wirbelt herum, weicht zurück, und dann geht alles sehr schnell.

Jemand fällt auf ihn. Von oben scheint derjenige auf ihn herabzukrachen, das kann gar nicht sein, aber Adrian denkt nicht nach und packt einfach zu, damit sie nicht beide rückwärtstaumeln, über die gläserne Absperrung und die Festungsmauern hinweg. Irgendwer schreit, hoch und schrill, Adrian spürt das Gewicht des Körpers, der ihn mit sich in die Tiefe zu reißen droht, er hakt seinen Fuß um einen metallenen Sockel, ein Münzfernglas oder eine

Informationstafel, egal was das ist, es dient ihm als Hebel, er stemmt sich vorwärts, und sie fallen gemeinsam nach vorne, auf den sonnenwarmen Boden.

Der Aufprall ist hart, in seinem Ohr ist ein Keuchen und ein Kitzeln wie von Federn, jemand applaudiert, Kameras klicken, Adrian rollt sich herum und rappelt sich auf, so schnell er kann. Zu seinen Füßen ist eine Bewegung. Erst jetzt sieht Adrian, wen er da mit sich gerissen hat, einen jungen Mann, fast noch ein Junge, der ihn unter flattern- den Wimpern anstarrt. Der Typ murmelt etwas, in einer Sprache, die Adrian nicht versteht. Engelszungen, denkt er sofort und muss sich das Grinsen verkneifen, denn wer da vor ihm auf dem Boden liegt, ist ein Engel. Seine Flügel sind weit gespreizt und haben durch den Sturz ein paar Federn verloren, der Lendenschurz ist verrutscht, die Locken schweißverklebt. Ein Kleindarsteller muss das sein, in vollem Kostüm, so wie die Gladiatoren, die vor dem Kolosseum darauf warten, dass man mit ihnen photogra- phiert werden möchte. Sogar ein Schwert hat der, kaum zu glauben, dass das aus Plastik sein soll, es wirkt täuschend echt, mit Rostflecken und allem.

»Sorry«, sagt Adrian, als er die Hand ausstreckt und dem Jungen auf die nackten Füße hilft. »Blöd von mir, *I didn't see you there, scusi*!« Aber der Engelstyp legt seinen Kopf schief und lächelt und sagt auf Deutsch: »Gerettet hast du mich.«

Der wirre Alte, der das alles ausgelöst hat, ist nirgends zu sehen.

Als Adrian am nächsten Morgen erwacht, schmerzt ihm der Nacken. Er hat in der Nacht die Damastvorhänge nicht nahtlos geschlossen, ein schmaler Lichtstreifen fällt durch die Lücke und zieht sich quer über sein Bett. Draußen im Hof hört er ein klackendes Geräusch, der Gesang einer Frau hallt gegen die Hauswände, Klimaanlagen rattern, eine Taube gurrt. Im Zimmer selbst ist es still, nur der kleine Kühlschrank surrt in seinem hölzernen Haus vor sich hin.

Adrian stöhnt und presst sein Gesicht in die Kissen. Das darf nicht sein, er kann sich keinen Kater leisten, nicht heute, nicht, wenn er endlich mal wieder zu einem Vorsprechen eingeladen wurde, einem internationalen noch dazu, von einem der wichtigsten Streamingdienste. Sein Atem riecht schal. An eine Bar kann er sich erinnern. An eine Uhr auf der rohen Backsteinwand, deren Zeiger bei jedem neuen Hinsehen um Stunden vorwärtsgesprungen zu sein schienen. An Zigarettenrauch und Gelächter und einen flimmernden Fernseher, vor dem alte Männer auf ein Pferderennen starrten. Auf einen Grappa hatte er den Jungen doch nur einladen wollen, *einen Schnaps auf den Schreck*, hatte er gerufen, und er weiß noch, dass sie sich gemeinsam vor den Japanern verbeugt hatten, bevor sie die Burg verließen. Aber ab da wird es verschwommen. In seiner Erinnerung sieht er Fruchtfliegen, die ein Glas umschwirren, ein Schälchen mit abgeknabberten Olivenkernen und zerbrochenen Pistazienschalen, eine Hand, die aus dem Nichts kommt und ihnen die langstieligen, geschwungenen Gläser füllt. Dazwischen blitzt das Engelsgesicht vor ihm auf, die riesigen Augen, die ihn so aufmerksam ansehen, die dichten Wimpern, die faltenlose Stirn. Dass der Junge mehr aus seiner Jugend machen müsse, hat Adrian irgendwann gerufen, *Vergänglichkeit is a bitch*! Später hat er dann wahrscheinlich noch angefangen herumzubrabbeln, von den Rollen, die ihm schon jetzt, mit Ende dreißig, nicht mehr angeboten werden, von den Filmemachern, die bei der Besetzung eines Films auf die Followerzahlen der Schauspieler schielen, vom Zwang, immer jung zu bleiben, jung zu wirken, jung zu sein.

Gut, dass er dem Engel nie wieder begegnen wird.

Sie haben ihre Kontakte nicht ausgetauscht. Der Junge – wie hieß er noch – hatte keinen Account, nirgends. Adrian wunderte das nicht. Er kennt einige junge Offliner. Das ist die Rebellion der seit ihrer Geburt durchleuchteten Generation: digital detox, #mentalhealthmatters. Wer kein Profil hat, kann nicht blockiert werden. Und wer nicht erreichbar ist, über den zieht jeder Shitstorm hinweg.

Wenn er könnte, würde er es auch so machen.

Irgendwann haben sie trotzdem ein Selfie miteinander geschossen, daran erinnert sich Adrian, und daran, dass er dachte, wie unklug das war, weil er neben dem jungen Kerl aussah wie dessen Vater. Und warum der die Flügel nicht ablegte, sie den ganzen Abend nicht abgelegt hatte, obwohl die so schwer aussahen. Hat er das noch gepostet? Er ist sich nicht sicher. Irgendetwas hat er noch hochgeladen, aber was?

Adrian tastet im Halbdunkel nach seinem Handy und hält es vor sein Gesicht, aber es entsperrt sich nicht. Die Gesichtserkennung funktioniert nicht, und er ist zu müde, um sein Passwort einzutippen. Der Schmerz in seinem Nacken zieht ihm bis hoch zur Schläfe. Das Casting ist am Nachmittag, irgendwo in Testaccio, bis dahin muss er sich in Griff bekommen, dringend. Er muss aufstehen. Einen Kaffee trinken. Etwas in den Magen bekommen. Eine Aspirin einwerfen. Und den Text für die Rolle lernen, für die sie ihn vorsprechen lassen. In dieser Reihenfolge.

Adrian schält sich aus der verzwirbelten Bettdecke, er muss sich nachts herumgeworfen haben. Bevor er die Tür öffnet, lauscht er in den Flur hinein, es soll ihn niemand so sehen. Mit gesenktem Kopf huscht er an den Holztüren der anderen Zimmer vorbei, auf das Gemeinschaftsbad zu. Kaffeegeruch wabert im Flur herum, und jetzt fällt es ihm ein: Es gibt unten im Erdgeschoss einen Frühstücksraum. Die Tür gegenüber dem Badezimmer ist weit geöffnet, ein kleines Mädchen steht dort und kaut auf den bunten Plastikkugeln ihres Armbands herum. Ihre Mutter, die sich gerade im Morgenmantel zu ihr beugt, hält, als sie Adrian sieht, mitten in ihrer Bewegung inne: »Bellissimo!« Er schüttelt den Kopf und zieht schnell die Tür zum weiß gekachelten Badezimmer hinter sich zu, er weiß selbst, wie er am Morgen aussieht, das Gesicht verquollen, die Falten noch tiefer als sonst.

Am Waschbecken glänzen die goldenen Armaturen, der Wasserstrahl ist, als er den Hahn aufdreht, kräftig und kühl. Seine Zahnbürste und das Handtuch hat er im Zimmer vergessen, aber er beugt sich vor und schaufelt sich Wasser in sein Gesicht, mit beiden Händen. Er kann spüren, wie die nasse Kühle zu wirken beginnt und der Schmerz hinter seinen Schläfen nachlässt. Dann richtet er sich auf und öffnet direkt vor dem Spiegel die Augen.

Er ist so schön, dass ihm der Atem stockt.

Ein Trick des Lichts muss das sein, das durch das mattierte Fensterglas fällt. Seine Haut ist rein, die Augenringe sind verschwunden. Er hat auch keine Tränensäcke mehr. Sogar sein Haar wirkt voller. Die Geheimratsecken, die er sonst unter seinem Baseball-Cap versteckt, kann er kaum noch entdecken. Auch die Backen sind nicht so aufgedunsen wie sonst nach einer durchzechten Nacht. Gut möglich, dass hier noch Wasserdampf in der Luft liegt und als Weichzeichner dient. Oder der Spiegel hat ein besonderes Glas. Was auch immer es ist: Der Effekt ist verblüffend. Als er jetzt einen Schritt zurücktritt, bemerkt er, wie breit und muskulös seine Schultern wirken. Er sieht fast so aus wie früher, als sie ihn vom Pausenhof holten, ihn direkt vor die Kamera stellten und für diese Serie besetzten, deren Nachruhm er bis heute nicht abstreifen kann. Dass so ein Spiegel fahrlässig ist, denkt er, als er die Treppe zur Rezeption hinuntersteigt. So eine Täuschung bringt einem ja nichts.

Der Frühstücksraum ist klein. Helle Sonnenstrahlen fallen durch die weit geöffneten Fenster, die bodenlangen

Gardinen wehen im Wind. Auf einem Wandvorsprung steht die tönerne Skulptur eines Gladiators, darunter ist ein Feuerlöscher platziert. Die Tische sind fast alle mit Pensionsgästen besetzt. Als er vorübergeht, blicken sie von ihren Handys und aufgefalteten Stadtplänen auf. Die Frauen lächeln ihn an, die Männer mustern ihn unter halb gesenkten Lidern. Erst als er am schmalen Buffet seinen Teller mit Brötchen und Butterpäckchen und Marmeladenbechern füllt, bemerkt er das Wispern und Tuscheln hinter seinem Rücken. Dass das deutsche Touristen sind, muss das heißen. Er ist es gewohnt. Auch wenn er die Vorabendserie vor über zehn Jahren verlassen hat, um viel zu wenige, viel zu schlecht bezahlte Filme zu machen: Wer einen Fernseher besitzt, weiß, wer er ist. Und wer dafür zu jung ist, kann ihn von seinen Posts kennen, da gingen vier richtig viral.

Er trinkt gerade seine zweite Tasse Kaffee und will sein Smartphone aus der Hosentasche ziehen und endlich seinen Account überprüfen (Was hat er nun gestern gepostet?), als ein Schrei ihn zusammenzucken lässt. Eine Teenagerin, die mit ihren Eltern in einer Ecke sitzt, starrt ihn an, ihr zitternder Finger deutet erst auf ihn und dann auf ihr Smartphone, das vor ihr auf der Tischplatte liegt, ihr Finger zuckt hin und her, der Horror verzerrt ihr plumpes Gesicht. Adrian schüttelt den Kopf, was auch immer mit ihr nicht stimmt, er will da nicht mit hineingerissen werden. Schnell trinkt er den Kaffee aus und springt auf, ohnehin ist das nur Instantkaffee, die Butter ist ranzig, und die Brötchen sind alle voller Luft. Vielleicht sollte er bleiben, sich um das Mädchen kümmern, aber ein Blick in die entgeisterten Gesichter der Eltern reicht, um ihn hinauszutreiben, an der Rezeption vorbei, aus dem Gebäude hinaus, hinein in die Stadt.

Ein paar Straßen weiter ist ein Markt aufgebaut, die Holzlatten der Stände biegen sich unter Türmen von Plastikspielzeug, Secondhandkleidung, Käserädern, Gemüse, Kartons voller Schuhe und Batterien. Es riecht nach Autoabgasen und gärendem Abfall, die Menschen drängen und rufen.

Adrian taucht in den Strom ein und lässt sich treiben. Er hat nicht vor, etwas zu kaufen, aber er genießt die Stimmung, die bunten Farben von Kleidung und Obst, die im Wind flatternden Markisen der Stände, die abblätternden Fassaden der Häuser.

Im zweiten Stock, über dem Eingang zu einem Waschsalon, öffnet gerade eine weißhaarige Dame die wettergegerbten Holzläden ihres Fensters, sie sieht Adrian von oben direkt ins Gesicht und stockt mitten in der Bewegung. Dann hebt sie die zitternde Hand zum Gruß. Adrian lächelt und winkt zurück.

Überhaupt scheinen alle ihn anzusehen – oder bildet er sich das ein? Eine Verkäuferin reicht ihm einen Apfel, eine Frau mit riesigen Ohrringen presst im Vorüberdrängeln ihre Silikonbrüste gegen seinen Arm, ein junger Mann im Anzug raunt in sein Ohr: »Ciao, bello.« Es ist, als würde sich der Strom der Marktbesucher um Adrian herum verlangsamen, als sähen alle ihn an. Adrian schert seitlich aus, hinter einen Stand mit Sonnenbrillen und bunten Hüten und lehnt sich an eine Hauswand. Er muss jetzt endlich sein Handy entsperren, er weiß nicht, wann er zuletzt so lange offline war. Normalerweise öffnet er seine Apps mehrfach in der Stunde, vom Aufwachen bis zum Einschlafen, seine Finger machen das inzwischen fast ohne sein Zutun. Während der Lockdowns hat er sich das angewöhnt, als alle Filmdrehs verschoben worden waren und er zu Hause herumsaß und sich seine über 270k Follower zusammensammelte, *organically grown*, wie er immer gerne betont: alles echte Menschen, keine bezahlten Bots. Manchmal stellt er sich vor, wie es wäre, ihnen in Wirklichkeit zu begegnen, diesen zweihundertsiebzigtausend ihm zujubelnden Menschen. Aber das ist natürlich Unsinn, die meisten sehen ihn kaum noch in ihrem Feed. Trotzdem muss er sich um sie kümmern. Es gehört jetzt zu seinem Beruf. Er muss seine Gefolgschaft füttern und wässern wie eine empfindliche Pflanze.

Adrian nimmt seine Sonnenbrille ab und hält sich das Handy dicht vor sein Gesicht. Wieder verweigert es die Erkennung, *Face ID unbekannt*, und als er das Passwort eintippen will, verfehlt er die Tasten. Vermutlich hat er vor dem Schlafengehen die Helligkeit heruntergeregelt, jetzt passt sie sich nicht automatisch dem Sonnenlicht an, und er kann die Umrisse der digitalen Tasten nicht erkennen.

Adrian flucht. Er muss seinen Account kontrollieren, er kann sich keine Ausrutscher leisten. Die Plattform straft jede Verfehlung sofort ab. Erst vor Kurzem wurde ihm ein

Video gelöscht, unlizenzierte Musik hatte er da versehentlich druntergelegt, das ahndet das System sofort. Viele solcher Fehler dürfen ihm nicht unterlaufen, sonst sperren sie ihm noch den Zugang. Aber er hat gestern doch etwas gepostet, da ist er sich jetzt sicher. Der Junge – Michele hieß er, endlich fällt es ihm ein –, der Junge hatte ihn zu etwas herausgefordert. Auf *Veröffentlichen* hatte er getippt, und danach waren sie beide in Gelächter ausgebrochen und hatten wieder ihre Gläser erhoben, diese sich magisch nachfüllenden Gläser, sie hatten getrunken und gekichert, aber worüber?

Was war da gewesen?

Noch einmal versucht er, sein Passwort einzugeben, vier Buchstaben auf dem überstrahlten Screen, aber seine Finger zittern jetzt, er ist unterzuckert und ungeduldig noch dazu, das kann so alles nichts werden. Er muss sich irgendwo hinsetzen, in ein schattiges Café, eine Eisdiele, eine Bar, am besten in der Nähe eines kühlen Brunnens oder Parks, und sich konzentrieren.

Erst als er aufsieht, bemerkt er die Traube aus Menschen, die durch den schmalen Raum hinter den Ständen zu ihm drängt. Sie recken ihm ihre Handys entgegen und rufen etwas. Das sind keine deutschen Fans, das sieht er sofort. Ihre Gesichter sehen verzerrt aus, fast wütend. Was ist hier los? Was wollen sie? Ihn können sie kaum meinen, aber er weicht trotzdem besser aus, duckt sich unter der Verstrebung eines Stands hindurch, stolpert über eine Kiste mit Sonnenbrillen, drängt sich zum Marktende hindurch und läuft dann, so schnell er kann, die angrenzende Straße hinunter. Aus dem Schaufenster einer Kleiderboutique blitzt ihm seine eigene Reflektion entgegen: An den Rümpfen der Mannequins sind statt Köpfen Spiegel angebracht. Sein eigenes Gesicht sieht er auf deren makellosen Körpern mit den kunstvoll bestickten Gewändern sitzen. Und er stutzt. Was ist das nur, wie kann das sein: Er ist noch immer so schön.

Etwas regt sich in seinem Hinterkopf. Der Fetzen eines Gesprächs. Mit Michele hat er über die Schönheitsfilter in den Apps gesprochen, wie praktisch die seien, wie lebensecht und überzeugend. Wie sehr man sich in ihnen verlieren könne, in diesem Wunschbild von sich selbst. Ganz aufmerksam war der Junge da gewesen. Alles hatte er wissen wollen. Wie die Filter funktionierten, was sie veränderten. Und wieso Adrian das mache. Adrian hatte dessen Weltfremdheit gar nicht glauben können. Wie viele Touristen ließen sich mit ihm als Engel ablichten, täglich, auf dieser Burg? Du lebst doch hier, hatte er gerufen, du bist doch aus Rom! »Wahrlich«, hatte der Junge da geantwortet, nein, gesungen hatte er es fast. »Wahrlich«, hatte er also gesungen, in dieser Sprache, dieser merkwürdigen Sprache, die er benutzte. Überhaupt hatte alles, was der von sich gab, altertümlich geklungen. Als hätte er sich sein Deutsch selbst beigebracht, in einem Antiquariat voller porös werdender Bücher.

Eine Polizeisirene heult hinter ihm auf, und Adrian wirft einen Blick zurück: Sind sie doch hinter ihm her? Weit hinten an der Kreuzung sieht er eine kleine Gruppe wild gestikulierender Menschen, sie schauen sich suchend um, und er beschleunigt seinen Schritt und biegt scharf links ein, in einen Hof, dessen speckiges Kopfsteinpflaster zu einem Bau aus Ziegelmauerwerk führt. Die eisenbeschlagene Tür dort ist nicht verschlossen, also zögert er nicht und tritt einfach ein.

Einen kurzen Augenblick lang sieht er nichts, seine Augen müssen sich erst an die Dunkelheit gewöhnen. Ein paar dämmrig beleuchtete Vitrinen mit Gesteinsbrocken und Ausgrabungsstücken setzen Lichtpunkte bis hin zu einer schmalen Tür am Ende des Raums. Adrian tastet sich vorwärts, seine Hände finden die Klinke, er zieht die Tür auf und atmet scharf ein.

Vor ihm öffnet sich eine riesige Basilika.

Goldene Leuchter schweben wie Planeten mitten im Raum, Buntglasfenster malen Lichtschweife auf den Boden. Die Kuppel über dem Zentrum ist so hoch, dass Adrian ihre Wölbung kaum erkennen kann. Eine bronzene Meridianlinie durchschneidet die marmorne Fläche. Gerade schreitet eine schmale Braut durch das Hauptschiff auf den Altar zu, die Sonnenstrahlen fallen aus dem offenen Kuppelkern durch ihren Schleier. Adrian tritt unwillkürlich näher, Orgelmusik braust auf, die Braut scheint sich zu sträuben, der Brautvater packt sie am Ellenbogen und zerrt sie weiter vorwärts, eine Taube läuft mit ruckendem Kopf davon.

Adrian atmet durch. Neben ihm führt eine Treppe in

eine Gruft hinunter, die Luft, die von dort aufsteigt, riecht abgestanden, aber für ihn zählt nur, dass er hier, im Dämmer der Basilika, endlich die Tastatur auf seinem Bildschirm wieder erkennen kann.

Diesmal funktioniert das Entsperren, und Adrian drückt sofort auf sein Instagram-Profil. Ein Bild von sich und der Engelsstatue hat er heute Nacht noch gepostet, das ist merkwürdig, er kann sich überhaupt nicht erinnern, es aufgenommen zu haben. Wie hat er das geschafft, sich so nah neben ihrem bronzenen Gesicht zu positionieren, in diesem geraden Winkel, das ist unmöglich, er müsste dazu mitten in der Luft gestanden haben, hoch über dem Steinboden der Terrasse. Eine optische Täuschung muss das sein, aber immerhin: Er sieht fantastisch aus, fast genauso gut wie heute früh im Badezimmerspiegel der Pension. *Vanitas Filter von phase7* verrät die Markierung. 113 Kommentare befinden sich schon unter dem Bild, hauptsächlich Flammen und Herzen, ein paar Emoticons mit Heiligenschein oder Teufelshörnern und 1581 Likes. Er atmet auf. Schnell sucht er die besonders witzigen Kommentare heraus und vergibt Herzen und tippt Antworten. Auch seine anderen Plattformen kontrolliert er, seine digitalen Postfächer, die privaten und die beruflichen, eins nach dem anderen. Die Fragen seiner Agentin sind die einzigen, auf die er reagiert, *bin gut gelandet,* antwortet er ihr, *alles im Griff, ich hol mir die Rolle.*

Adrian ruft wieder sein Profil auf. Das Selfie mit der Statue hat schon 27 neue Likes, 3 frische Kommentare. Vielleicht sollte er nachlegen, gleich hier in dieser Kirche ein neues Bild machen, mit dem Brautpaar im Hintergrund, das jetzt auf den Altarstufen kniet. Noch weiß ja niemand, dass Sybill und er sich getrennt haben. Zwei Monate Schonfrist hat sie ihm bis zum offiziellen Statement gegeben. Wenn seine Follower glauben, dass er über Heirat nachgedacht, ihr vielleicht sogar einen Antrag gemacht hat, ist die Fallhöhe umso größer, das Netz liebt solche Geschichten, *do it for the plot*. Und ihr ist egal, was er auf seinen Profilen treibt. Sie hat nie verstanden, wieso das für ihn so wichtig geworden ist. Wahrscheinlich ist das, wenn er ehrlich ist, der wahre Grund ihrer Trennung.

Drei Bilder macht er in schneller Folge, er stellt sein Handy an einem Beichtstuhl ab und löst mit Zeitverzögerung die Kamera aus, er wechselt die Positionen, zeigt sich von hinten, auf die Trauung blickend, dann im seitlichen Profil, erst aus der Ferne, dann ganz nah. Es soll wirken, als hätte ihn jemand ertappt, in einem unbeobachteten Moment.

Das erste Bild ist wunderbar komponiert. Seine Silhouette hebt sich vor dem gebündelten Sonnenstrahl unter der Kuppelöffnung ab, im Hintergrund segnet gerade der Pastor das Paar. Nur sein Rücken ist so gekrümmt, als hätte er sich über einen Stock oder einen Rollator gebeugt, was ist da los, er hat sich doch aufrecht gehalten. Auch das nächste Bild lässt ihn stutzen, ja, er hat sich heute Morgen nicht rasiert, ein paar Bartstoppeln könnte er höchstens haben, aber irgendetwas muss da in die Linse geflogen sein, es wirkt, als hätte er einen ungepflegten, grauen Bart. Schnell wischt er weiter zum letzten Bild: der Nahaufnahme.

Sein Aufschrei lässt das Brautpaar zusammenzucken, die Taube stört auf und flattert zur Kuppel hoch, der Blasebalg der Orgel pumpt. Mit zitternden Händen greift er nach seinem heruntergefallenen Handy und zoomt näher an sein Abbild heran. Es gibt keinen Zweifel: Er ist ein Greis.

Die Herbstsonne brennt ihm in den Augen, er läuft, so schnell er kann, aber er weiß gar nicht wohin. Vespas und Mopeds brausen an ihm vorüber, vom offenen Verdeck eines Sightseeing-Busses aus winken Touristen zu ihm herunter, ein Rosenverkäufer reckt ihm eine dornige Blume entgegen, eine Gruppe von Schülerinnen sitzt kichernd auf einer Mauer, eines der Mädchen pfeift ihm hinterher.

An einem Kiosk reißt er eine Flasche Wasser aus der Kühltruhe, das Wasser ist gefroren, der Block aus Eis schlägt von innen gegen die Plastikwand. Adrian kramt in seiner Hosentasche nach Münzen, seine Hände zittern noch immer, aber der Verkäufer, den er vor lauter Zeitschriften und silbernen Rubbel-Losen, Schokoriegeln, Kaugummis und Zigaretten kaum sehen kann, will kein Geld dafür haben, doch nicht von ihm, ruft er, von so einem schönen Mann. Adrian widerspricht nicht, er ruft im Weiterlaufen »Grazie« mit krächzender Stimme.

In irgendeinen Park biegt er ein, er stapft über eine Rasenfläche, vorbei an Familien auf Picknickdecken und an in Klappstühlen versunkenen, alten Damen, die ihren

Männchen machenden Pudeln Karottenstückchen reichen. An einer Platane sinkt er ins Gras und lehnt den Rücken gegen den hell gescheckten Stamm. Er dreht den Verschluss der Wasserflasche auf, schlürft das Schmelzwasser ab und atmet durch, bevor er sich das Handy greift und in den Selfie-Modus geht.

Das Weiß in seinen Augen ist wässrig und vergilbt. Die Tränensäcke sind aufgeschwemmt, aus seinen Augenbrauen stechen weiße lange Haare. Der Bart ist grau und ungepflegt. Seine Stirn und seine Wangen sind mit Altersflecken überzogen. Aber das Schlimmste ist die Glatze. Oder nicht einmal die Glatze selbst. Es ist der stoppelige Kranz aus dünnen Härchen, diese Andeutung einer Mönchstonsur, die sich kreisrund um seinen kahlen Schädel legt.

Adrian schließt die Augen und rollt die kühle Wasserflasche über seine Schläfe. Er muss sich beruhigen. Sein Smartphone spinnt. Das ist die einzige Erklärung. Irgendein technischer Defekt ist das. Oder es hat etwas mit dem Jungen zu tun. Vielleicht hat der ihm etwas ins Glas geträufelt, ein Halluzinogen, irgendeine psychedelische Droge. Oder der war gar nicht so unbeleckt in Online-Fragen, wie er getan hat. Bestimmt hat der ihm heimlich ein Virus draufgeladen, oder einen von diesen Spaß-Filtern, die einen älter machen oder in eine Comicfigur oder eine Katze verwandeln, so wie jenen Anwalt, der im Lockdown damit viral ging, dass er bei einer Online-Gerichtsverhandlung den Kätzchen-Filter nicht abschalten konnte und mit zitternden Schnurrbarthaaren dem Richter zurief: »I am not a cat!«

Er darf sich jetzt nicht durcheinanderbringen lassen. Viel wichtiger ist, dass er in Wirklichkeit gut aussieht. Und das tut er heute, sein Spiegelbild hat ihm das bestätigt. Wenn er beim Vorsprechen nicht völlig versagt, gehört die Rolle ihm. Er muss einfach nur durchatmen. Er muss sich vorbereiten. Das Casting ist in drei Stunden, und er muss den Text noch lernen. Er braucht diesen Job. Eine der Hauptrollen soll er da spielen, einen Schönling, dem Mutter und Tochter verfallen, es ist selten geworden, dass man ihm so etwas anbietet. Und bei seiner Agentin sollte er sich auch mal melden.

Dass er die Videocall-Funktion gedrückt hat, merkt er erst an ihrem Blick. Sie hat immer etwas Verärgertes an sich, man hat sofort das Gefühl, dass man sie stört. Aber heute wirkt sie völlig entgeistert, als sie ihn sieht. Sie reißt ihre Brille, die sie sich immer wie einen Reif ins Haar schiebt, auf den Nasebügel herunter und hält sich ihr Smartphone dicht vors Gesicht. Er sieht den ausfransenden Lippenstift, der in die Runzeln um ihren Mund herum eingesickert ist. »Wer sind Sie?«, fragt sie und zwinkert.

»Adrian«, sagt er, »sorry, ich weiß nicht, was mit meinem Handy los ist.«

»Soll das ein Witz sein?«

»Nein, ich …«

»Wieso haben Sie Adrians Telefon?«

»Ich bin doch …«

»Rufen Sie mich nie wieder an!«

Das Videofenster schließt sich, blitzartig, ihr Bild ist verschwunden, stattdessen blickt er auf den Chatverlauf, die lange Kolonne aus grünen und weißen Konversationskästchen. Seine eigenen Worte gähnen ihm von dort entgegen, sie hängen in der leeren Luft: »Ich hol mir die Rolle.«

Adrian muss fast lachen, zu bizarr ist das alles. Seine Agentin betreut ihn seit über zwanzig Jahren, und sowas ist ihm noch nie passiert. Schnell tippt er in das Kästchen: »Handy defekt, merkwürdiger Filter drauf. Das war doch ich!«

Aber gerade als er auf Senden drücken will, verschwindet ihr Profilbild, dieses Photo von den Filmfestspielen in Cannes, auf dem sie einen bunten Sommerhut trägt und dem Betrachter ein Glas Aperol Spritz entgegenreckt. Stattdessen erscheint der Schattenriss des Avatars, den die App vorschabloniert.

Adrian starrt auf seinen Screen. Sein Finger schwebt über der Tastatur, dann drückt er auf Senden. Es ist, wie er es erwartet hat: Die Nachricht erhält nur einen grauen Haken. Seine Agentin hat ihn blockiert.

Zum ersten Mal ist ihm das mit Sybill passiert, als sie mitten in der Pandemie auf einem Kreuzfahrtschiff angestellt war, drei Monate lang, zwei Tanzshows täglich, mit PCR-getesteten Passagieren in sterilisierten Kabinen. Sie hatten sich gestritten, wie es eben passiert, wenn man sich wochenlang nicht sieht. Sybill hatte ihn im Feed einer Followerin entdeckt, bei einer Filmpremiere Arm in Arm in die Kamera grinsend, ohne Abstand und ohne Maske. Dabei hatte er sie ja gar nicht mitnehmen können, weil sie im Glitzerkostüm auf einer schwankenden Bühne über den Atlantik tanzte. Mitten im Streit war plötzlich ihr Profilbild auf null gesprungen, der ausdruckslose Avatar glotzte ihn an, und seine Nachrichten liefen ins Nichts. Dass das am Schiff liegen musste, hatte er erst gedacht, WLAN gab es da ja nicht, der Empfang musste von Satellitenschüsseln herbeigewuchtet werden, jedes winzige Kilobyte kostete Unsummen. Er hatte auf den Avatar gestarrt und sich eingebildet, das Meer dahinter rauschen zu hören, die aufsprudelnde Gischtlinie, die der Schiffsbug durch das Wasser zog, und darauf gewartet, dass ihr Photo wieder erschien. Es kam erst am nächsten Morgen zurück, als sie sich beruhigt hatte.

Auch jetzt wartet er, ungläubig. Seine Agentin muss doch verstehen, dass er das war. Aber auf seinem Bildschirm verändert sich nichts. Es gibt keine Satelliten, kein Meer, nur der Verkehr rauscht am Parkrand entlang. Über ihm raschelt die Platane im Wind. Ein orangefarbenes Blatt segelt abwärts und legt sich neben ihm ins Gras.

Das Gebäude, in dem das Casting stattfinden soll, ist grau und unscheinbar. Ein Filmgelände hat er erwartet, oder zumindest eine von diesen römischen Villen mit weit geschwungenen Treppenaufgängen, stattdessen stemmt sich ein Waschbeton-Kasten vor ihm in den Himmel, der genauso gut im Industriegebiet von Hamburg stehen könnte.

Auf dem Klingelschild kann er weder den Namen der Produktionsfirma noch den Namen des Streamingdienstes finden. Überhaupt sind viele der kleinen Schildflächen leer, manche der Namen sind durchgestrichen oder aus ihrer Plastikverschalung herausgerissen, so als wäre das Gebäude längst verlassen. Eine getigerte Katze umstreift mit hoch aufgestelltem Schwanz seine Beine, sie hat nur ein Auge. Adrian zögert, bevor er die Tür aufzieht. Irgendwo weiter hinten scheint ein Treppenaufgang zu sein, der mit einer durchsichtigen Abdeckplane verhängt ist. Das ganze Gebäude wirkt feucht, wie ein noch nicht getrockneter Neubau.

In einem abzweigenden Flur klebt ein Zettel an der Wand, TLA steht darauf und ein krakeliger Pfeil zeigt geradeaus. Die Abkürzung für den Titel der Serie muss das sein: *Tutti lo amano – Alle lieben ihn.* Adrians Schritte klingen dumpf, als er den Gang hinuntergeht, seine Schuhsohlen wirbeln Baustaub auf. Er kann seine eigenen Atemzüge hören wie aus einem Schalltrichter.

An einer grau lackierten Tür findet er den nächsten Zettel. Seine Knöchel schmerzen, als er gegen das harte Metall klopft. Erst geschieht nichts, dann vernimmt er ein Rumpeln und eine Männerstimme ruft: »Entrate!«

Adrian fährt sich mit der Hand durch sein Haar und setzt sein bestes Lächeln auf. Schon als Jugendlicher hat er das vor dem Spiegel geübt, für die Starschnitte und Autogrammkarten, die es damals von ihm gab: selbstsicher, aber nicht arrogant. Über die Jahrzehnte hat er diesen Ausdruck perfektioniert. Für Auftraggeber ist das sein bestes Gesicht.

Er war lange nicht mehr bei einem echten Vorsprechen. In der Pandemie fand alles online statt, unzählige selbstgedrehte Videos musste er verschicken, E-Castings ohne Spielpartner, ohne Kameramann. Und irgendwie ist es so geblieben, die Kosten sind geringer, die Absagen fallen den Castern leichter, sie haben einem ja nicht wirklich in die Augen gesehen. Er weiß, dass er besser spielt, wenn er sich mit echten Menschen in einem Raum befindet, das setzt etwas in ihm frei. Ans Theater hätte er vielleicht gehen sollen, jeden Abend vor Zuschauern antreten. Aber dort nimmt ihn sowieso niemand ernst, ihm fehlt dafür die Ausbildung. Er ist zu früh ins Fernsehgeschäft gerutscht, es gab gar keinen Grund für eine Schauspielschule, die Rollen kamen damals ganz von selbst, Serien, Filme, Werbung fürs TV.

Adrian richtet sich auf. Kamera kann er. Er hat dafür Gespür. Das muss er jetzt nur beweisen. Er reißt die Tür auf und tritt ein. Und stockt mitten in der Bewegung. Es gibt hier kein Licht, alles ist finster.

»Hallo?«, ruft er. Seine Stimme hallt, der Raum muss tief sein, tief und sehr hoch, aber er kann es nicht sehen. Er ruft noch einmal: »Hallo?« Hinter ihm fällt die Tür ins Schloss, und er steht im Dunkeln.

Adrian bewegt sich nicht. Er kann nichts hören, kein Atmen, kein Rascheln. Aber jemand hat ihn doch hereingebeten, jemand hat ihn aufgefordert einzutreten. Sein Bauch gluckert, er hat seit dem Frühstück nichts gegessen.

Vielleicht ist das ein Test. Vielleicht sitzen sie da und warten, wie er reagiert. Wahrscheinlich beobachten sie ihn über Infrarotkameras. Er darf jetzt nicht die Nerven verlieren. Sie werden gleich das Licht anschalten, und dann wird er von Scheinwerfern geblendet. Also bleibt Adrian stehen und lächelt in die Finsternis.

Antlitz. Das Wort fällt ihm plötzlich ein. Michele hat es benutzt, irgendwann im Lauf des gestrigen Abends, da ist er sich sicher. Aber wie hatte der Rest des Satzes gelautet, eine Frage war das gewesen, eine Frage, die irgendwie merkwürdig klang, so etwas wie »Willst du dies Antlitz, für immer und nie?«

Adrians Mundwinkel beginnen zu schmerzen, aber er lächelt weiter. Er tastet nach seinem Smartphone und schaltet die Taschenlampe ein. Er weiß nicht, was er erwartet hat, Kameras oder Gesichter oder Leere. Aber direkt vor ihm öffnet sich mitten im Boden ein Schacht.

Adrian zuckt zurück, und in diesem Moment wird hinter ihm die Tür aufgerissen, jemand packt ihn am Kragen und zerrt ihn in den Flur. Der Griff ist hart und kräftig, aber als Adrian sich losreißt, steht eine schmale Frau vor ihm, mit roten Locken, grünen Augen und erschrockenem Blick. »Che diavolo ci fa qui?«, brüllt sie.

Adrian hat zu zittern begonnen, eine verzögerte Reaktion auf das Loch im Boden, auf das jähe Aufblitzen von Wänden, die in die Tiefe stürzten wie bei einem Aufzug oder einem Brunnen, und noch etwas war da, ein schwefeliger Geruch.

Stumm deutet er auf die Außenseite der Tür, er will sich verteidigen, aber da hängt kein Zettel, im Gegenteil: Die

Türfläche ist mit Baustaub überzogen, man sieht nur den Abdruck seiner Finger, die sich an die Kante geklammert haben müssen, als die Frau ihn zurückzog, keine Spuren von Klebeband sind da und erst recht kein Wegweiser.

Die Frau sieht ihn an, die Stirn gerunzelt, ihr Brustkorb hebt und senkt sich, und er blickt zurück und nimmt sie erst jetzt richtig wahr. Sie muss in seinem Alter sein, um ihre Augen herum sieht er Lachfältchen, ihr Haar muss gefärbt sein, wobei auch ihre Augenbrauen und Wimpern rötlich sind, rötlich und hell, im harten Kontrast zu ihrem schwarzen Hosenanzug. Langsam klärt sich ihr Blick, auch sie beginnt jetzt, ihn wirklich zu sehen, sie studiert ihn, wie er da steht. Etwas scheint sich für sie zu bestätigen, sie nickt, dann streckt sie die Hand aus. »Adriano, willkommen«, sagt sie auf Deutsch. »Ich bin Francesca, l'operatrice di camera, die Kamerafrau. Wir warten schon auf Sie.«

»Sehr erfreut«, sagt er automatisch und schlägt ein. Er mag ihre Stimme, sie ist tief und ein bisschen rau, wahrscheinlich ist sie Raucherin. Er setzt wieder sein Lächeln auf und nickt in Richtung der verschlossenen Tür: »Ich schulde Ihnen was.«

Die Kamerafrau tritt näher an ihn heran, er kann ihr Parfüm riechen, nichts Aufdringliches, ein Duft nach Lavendel und Pinien, und einen Hauch von Zigarettenqualm. »Tutto bene«, sagt sie. Sie streckt eine Hand aus und streicht ihm eine Haarsträhne aus seiner Stirn. »Meine Kamera wird Sie lieben«, sagt sie und beginnt zu lächeln, »non sarà difficile.«

Sie sitzen hinter einem langen Tisch und mustern ihn. Der Regisseur, die Drehbuchautorin, die Casterin, der Produzent und andere Leute von der Produktionsfirma oder vom Streaming Dienst – er ist sich nicht sicher, wer sie alle sind und wer hier wie viel Entscheidungsgewalt hat, aber das ist egal, er will sowieso jeden hier überzeugen, auch die Assistenten, die an der Wand lehnen, hinter ihren jeweiligen Bossen.

Die Schauspielerin, die ihm gegenübersteht, ist viel zu jung. Ihre Brüste sind zu groß für ihren noch kindlichen Körper, sie spricht auch merkwürdig, so als hätte man ihr vor Kurzem erst die Zahnspange entfernt. Sie könnte seine Tochter sein, eine Liebesbeziehung mit ihr wird anstößig oder zumindest unglaubwürdig wirken. Aber das muss ihm egal sein, er kann sich seine Rollen längst nicht mehr aussuchen, für Skrupel und Moral hat er keinen Platz.

Er kann nur sein Bestes geben.

Francesca lehnt neben ihrer Kamera und lächelt ihm zu. Dass sie Stöckelschuhe trägt, bemerkt er erst jetzt. Die Luft hier drin ist schlecht, aber Adrian ist hellwach, er hat ein gutes Gefühl. Sein Text sitzt, und als er mit Francesca eintrat, ging ein Raunen durch den Raum. Zu oft hat er inzwischen erlebt, dass es anders ist, dass er sehen kann, wie die Enttäuschung sich in ihren Blicken einnistet, wenn sie ihm zum ersten Mal im wirklichen Leben begegnen, wenn sie ihn abgleichen mit dem digitalen Bild, das sie von ihm kennen. Aber heute ist es anders. Die Casterin zwinkert ihm aufmunternd zu, eine der Assistentinnen öffnet den obersten Knopf ihrer Bluse, und der grauhaarige Produzent lehnt sich ihm interessiert entgegen. Irgendjemand flüstert: »Der ist ja offline noch schöner als online!«

»Action!«, ruft der Regisseur, und Adrian beginnt zu spielen. Seine Textstellen sind auf Deutsch, das Mädchen spricht Italienisch, später wird das dann zusammensynchronisiert werden, eine Herausforderung ist das. Aber er hat sich die Textzeilen des Mädchens mit ChatGPT übersetzt, er weiß genau, was sie sagt und worum es geht. Die erste Begegnung seiner Figur mit der Tochter sollen sie darstellen, und es gelingt ihm, er kann es spüren. Ganz sachlich und höflich ist er ihr gegenüber zuerst, dann neugierig und schließlich verzaubert. Und das Mädchen spielt überraschend gut, sie macht es ihm leicht, sie bringt seine Figur zum Lachen, die Chemie zwischen ihnen stimmt.

Das Tuscheln, das einsetzt, ärgert ihn. Wie soll er sich denn konzentrieren, wenn die da alle herumzischeln. Aus den Augenwinkeln kann er sehen, dass die Assistenten herandrängen und sich zu ihren Vorgesetzten an den Bildschirm schieben, der in der Mitte des Tisches angebracht ist. Störend ist das und unverschämt auch. Erst spielt Adrian noch weiter, ein Schauspieler bricht schließlich die Szene nicht einfach ab, das ist Aufgabe des Regisseurs, er versucht, sich weiter auf das Mädchen zu fokussieren, auf ihren kindlichen Mund, aber das Gemurmel wird lauter und lauter, und jetzt fällt er doch aus der Rolle, er schnaubt und blickt empört zu Francesca, sie soll ihm bestätigen, dass das unmöglich ist, dieses Verhalten, das sieht sie sicher auch so, aber was ist das, sie ist ganz bleich, hält sich an ihrer Kamera fest und starrt ihn an.

In ihrem Blick liegt etwas, das er sofort erkennt: das Grauen.

Plötzlich ist ihm heiß, er fängt an zu schwitzen, er ahnt, was sie da auf dem Bildschirm sehen, er ahnt es schon. Aber es kann nicht sein, das kann ja alles gar nicht sein, also gibt Adrian sich weiter empört. Wie sie sich das vorstellen, will er gerade fragen, wie er unter solchen Umständen seine Arbeit machen soll, aber da zupft ihn die junge Schauspielerin am Ärmel und fragt ihn etwas auf Italienisch, wahrscheinlich denkt sie, dass es an ihr liegt, dass sie etwas falsch gemacht hat. Er schüttelt den Kopf, legt sogar beschützend den Arm um sie, und jemand kreischt auf. Einer der Assistenten flankt über den Tisch, stürzt auf ihn zu und reißt die Schauspielerin von ihm weg.

»Was zum Teufel!«, ruft Adrian und macht einen Schritt auf den Tisch zu.

Sie zucken zurück. Sie zucken vor ihm zurück, in einem ängstlichen, gleichzeitigen Ruck. Und jetzt fangen alle an zu reden, sie brüllen durcheinander und auf ihn ein, auf Deutsch, Italienisch, Englisch, am liebsten würde er schützend die Arme hochreißen, ein babylonischer Sprachenmix prasselt auf ihn herunter, er kann nichts verstehen in all dem Gebrüll und Gekreische, er sieht nur die Gesichter, die verzerrt sind, er sieht die bizarr agierenden Körper: den Produzenten, der auf ihn deutet und wie ein Fisch nach Luft schnappt, die Assistentin mit dem offenen

Blusenknopf, die die Hände zur Decke ringt, die Drehbuchautorin, die auf die Knie sinkt, sich bekreuzigt und
murmelnd anfängt zu beten.

Jemand packt ihn an der Schulter, Francesca ist es wieder, mit ihrem festen Griff, sie zerrt ihn hinter ihre Kamera,
ihre Augenlider mit den hellen Wimpern flackern, stumm
deutet sie auf den Kontrollbildschirm im Kameragehäuse.
Erst kann er dort nichts sehen, die Kamera zeigt ins Leere
hinein, dorthin, wo er gerade noch stand, aber dann aktiviert Francesca die Rückspultaste, und er sieht, wie ihm im
Schnelldurchlauf die Schauspielerin zurück in die Arme
geworfen wird, wie die Kamera auf ihn zufährt, nein, auf
ihn zuspringt, zu einer Nahaufnahme seines Gesichts. Und
jetzt kann er sehen, was sie sehen, was sie alle da sehen,
wenn sie ihn auf dem Bildschirm betrachten. Es ist die
grinsende Fratze eines Skeletts.

Er stürzt durch die Straßen. Autos und Busse rauschen
an ihm vorüber, knatternde Vespas streifen seine wehenden Ärmel. In der Ferne thront die Engelsburg in grel-
lem Sonnenlicht. Überall sind Statuen, Fontänen speiende
Brunnen, blitzende Schaufenster und dunkle Ruinen, und
Engel, immer wieder Engel, aber er sieht nichts, er läuft
und läuft, über Kopfsteinpflaster und rissigen Asphalt, und
weiß nicht, wohin, er will nur weg, will schneller sein als
das Bild, das ihn jagt, dieses Kamerabild von sich selbst:
der Skelettschädel, aus dessen Augenhöhlen Maden zün-
geln, die langen weißen Haarflusen, die bis zu den ausge-

36

blichenen Rippen des Brustkorbs herabhängen, das marode Gebiss, das seine Zahnstummel fletscht.

Er weiß nicht, wie er es geschafft hat, diesen Raum zu verlassen. Er ist einfach rückwärts gewichen, auf die Tür zu. Francesca hat ihm geholfen, sie hat sich zwischen ihn und die sich aufbäumende Meute gestellt. Wie eine Zirkus-Dompteuse hat sie die Assistenten, die sich mit metallenen Tischbeinen zu bewaffnen begannen, zurückgetrieben und ihm noch etwas zugerufen. »Laufen Sie!«, hat sie gerufen. »Adriano! Corra!«, und er drehte sich um und lief.

In seinen Ohren ist sein eigenes Keuchen, seine Lunge sticht, auf seiner Zunge schmeckt er Blut. Weit wird er es nicht mehr schaffen. Der Tiber blubbert neben ihm her, er rutscht fast auf Plastikmüll und zermatschtem Herbstlaub aus. Einen panischen Blick wirft er über seine Schulter, aber da ist niemand, keine Verfolger, keine Passanten, keine Carabinieri, kein einziger Tourist. Er ist ihnen entkommen.

Adrian bleibt stehen, noch immer keuchend und schwitzend, die Hände auf die Oberschenkel gestützt, den ganzen Körper gekrümmt. Seine Beine sind schwer, sein T-Shirt klebt an seinem Rücken. Nur langsam beruhigt sich sein Atem wieder, und er hebt seinen Blick. Der Rückspiegel einer geparkten Vespa wirft ihm sein Spiegelbild zurück, und da ist es wieder: dieses makellose Gesicht.

Es kann nicht sein.

Adrian richtet sich auf und nähert sich seinem Abbild. In der konvexen Wölbung des Rückspiegels sind seine Gesichtszüge verzogen. Und trotzdem ist er so schön. Seine Finger zittern, als er jetzt auf der Spiegelfläche die Linien seines Gesichtes nachzeichnet, die geschwungenen Augenbrauen, die Wangenknochen, die perfekt gewölbten Lippen.

Erst als er sich von seinem eigenen Anblick löst, nimmt er das hohe, mit Fresken und Engelsfiguren verzierte Gebäude vor sich wahr, die hoch über ihm wehenden Fahnen, den geschwungenen Hotel-Schriftzug: *Hotel degli tre Angeli*. Zwei Pagen in Livree versetzen die vergoldete Drehtür für ihn in Schwung, sie spült ihn in das Innere einer verchromten Lobby. Von der Rezeption aus nickt ihm ein Portier zu, Köpfe drehen sich ihm entgegen, der Rezeptionist, Kellnerinnen und Kellner, Gäste lächeln ihn an. Sogar die drei hoch aufragenden, hellen Engelsskulpturen, die in der Mitte der Lobby ihre Arme miteinander verflechten, scheinen bei seinem Eintritt zu schmunzeln. Aus der angrenzenden Bar dringen Klavierklänge, Karaffen und Kristallkelche funkeln dort vor verspiegelten Wänden, der weiß befrackte Barkeeper hebt grüßend seine Hand.

Adrian zögert, dann läuft er über den weichen Teppich zu einer Sitzecke und sinkt in einen rot gepolsterten Plüschsessel. Nur zu Kräften kommen will er, sich sortieren, einfach atmen. Sofort eilt eine Kellnerin herbei und reicht ihm ein Glas Champagner und eine Schale mit Nüsschen. Adrian will noch fragen, was das kosten soll, aber bevor er etwas sagen kann, winkt sie lächelnd ab, und er setzt das Glas an seine Lippen und stürzt den Champagner in sich, umperlt von der sanften Melodie, die aus den weit geöffneten Flügeltüren der Hotelbar zu ihm herüberdringt.

Adrian nickt einer jungen Familie zu, die gerade staunend und wispernd an ihm vorübergeht, sie scheinen ihn zu erkennen. Und plötzlich kommt ihm ein Gedanke, fast kann er nicht glauben, dass er darauf nicht früher gekommen ist: *Versteckte Kamera*, das muss es sein! Sein Name bringt im TV noch immer gute Quoten. Das Ganze muss mit seiner Agentin abgekartet worden sein: Sie war der Lockvogel, und das Casting eine Falle. Nach Rom haben sie ihn gelockt, damit er keine Freunde zurate ziehen kann und erschütterbarer ist. Wahrscheinlich verfolgen sie ihn seit seiner Ankunft mit einer Drohnenkamera, das ist ja heute alles machbar. Richtig befreit fühlt sich Adrian, als ihm das klar wird. Zur Sicherheit setzt er sich etwas aufrechter hin und lächelt einmal in alle Richtungen, hin zu den goldglänzenden Aufzugtüren, die gerade zugleiten, hinüber zu der ledernen Sitzecke, aus der heraus ihm ein paar beanzugte Herren zunicken, und sogar hinauf zu dem Lüster, der über den Engeln schwebt und als Kameraversteck besonders gut geeignet wäre.

Adrian ist sich sicher: Gleich wird jemand mit dem Fernsehteam erscheinen. Er hat vergessen, wer die Sendung inzwischen moderiert, aber er wird einfach so tun, als würde er ihn oder sie erkennen. Sie werden durch die Drehtür hereinpurzeln und winken und lachen, Francesca wird ihm zuzwinkern, und er wird angemessen überrascht sein, er wird ein bisschen fluchen und dann mitlachen, wie es gute Verlierer eben tun.

Aber niemand kommt. Eine große Standuhr steht in einer Glasvitrine, ihr Pendel schwingt hin und her, die roten Zahlen über den beiden Aufzügen zeigen immer neue Kombinationen an, 2 und 4, 1 und 5, 3 und 6, obwohl es hier bestimmt keinen sechsten Stock gibt, wahrscheinlich nicht einmal einen vierten. An der Wand des weitgeschwungenen Treppenaufgangs hängt ein Ölgemälde von der Engelsburg. Die Statue des Engels blickt direkt zu ihm herunter, sie sieht Michele wirklich ähnlich. Adrian lächelt und wartet weiter. Die Kellnerin erscheint und schenkt ihm nach, ihr von einem Kaschmirpullover bedeckter, weicher Busen liegt leicht auf seiner Schulter auf.

Adrian lehnt sich zurück in den Polstersessel und zückt sein Handy. *Die Versteckte Kamera* will er googeln, will den Moderator oder die Moderatorin mit Namen begrüßen können, sich ein Photo ansehen (vielleicht waren sie sogar beim Casting dabei, getarnt als Assistenten?), aber seine Finger gehorchen ihm nicht. Der Automatismus ist flinker als sein Wille, die in den Lockdowns antrainierte Gewohnheit trumpft wieder auf: Seine Finger öffnen nicht den Browser, sondern automatisch das Profil seines Accounts.

Sein Aufkeuchen geht in einem Klavierakkord unter. Er kann nicht glauben, was er da sieht, jetzt gehen sie zu weit, wirklich zu weit, rufschädigend ist das, er wird sie verklagen! Normalerweise liebt er sein Profilbild: Seine Augen sind darauf exakt so blau wie das Meer im Hintergrund, er hat die Sonne im Gesicht, neben ihm thront der Turm von Belém. Sybill hat das Bild von ihm geschossen, als er sie bei ihrem Hafenstopp in Lissabon besuchte, nur wenige Wochen bevor sie ihn mit dem Kapitän betrog. Jetzt steht vor dem Turm ein gebeugter, verwirrt aussehender, alter Mann.

Mit zitternden Fingern scrollt Adrian weiter abwärts, sie werden sich doch nicht die Mühe gemacht haben, alle seine Bilder zu manipulieren, aber da ist er, grau und bucklig neben dem engelsgleichen Michele, und je tiefer er scrollt, desto älter wird er, er hat das Gefühl, dass die Bilder unter seinem fahrigen Blick verrotten. Und es ist so, es ist wirklich so, er sieht, wie ihm die Lippen blutleer und faltig werden, wie ihm schlohweiße Zotteln aus der fleckigen Kopfhaut wachsen, sobald sein Blick ein Photo erfasst, er sieht zu, wie sein ganzer Körper dürr wird und einknickt und stirbt.

Adrian flucht jetzt, er schließt die App und öffnet sie wieder, schließt und öffnet, einen Neustart versucht er, vielleicht hilft das ja, aber er scheint es nur schlimmer zu machen, mit jedem Aufruf sieht er älter aus, ein Untoter, für den jemand aus Spaß einen Social-Media-Account angelegt hat. Das kommentieren auch seine Follower: *WTF, Walking Dead reloaded oder was?*, schreibt einer. Ein anderer schreibt: *PR Gag, lol*, sie hinterlassen Zombies und Krückstöcke und Skelettschädel und grüne Galle kotzende Emoticons, #fail, #dawnofthedead. Aber vor allem sieht er seine Followerzahlen sinken, über fünftausend hat er schon verloren, und es werden ständig mehr. Adrian schwitzt wieder, er muss das alles richtigstellen, aber als er in das Textfeld einen Kommentar eingeben will, nimmt die App seine Eingabe nicht an. Die App deinstallieren und neu herunterladen will er, das ist normalerweise der schnellste Fix. Aber nicht heute, der Ladekreis dreht sich und dreht sich, was dauert denn da so lang, er muss etwas tun.

Aber als er sich endlich neu anmelden kann, erkennt die App sein Passwort nicht. Ungläubig starrt Adrian auf das rote Kreuz, das ihn am Zugang hindert, er weiß genau, dass das die richtigen Login-Daten sind, er versucht es noch einmal, und dann endlich springt ein Profil auf, aber es ist nicht das richtige. Sein Schatten-Account ist das stattdessen, sein Finsta, er hat ihn angelegt, um unerkannt auf anderer Leute Seiten herumzustolpern und um, er würde das nie zugeben, unter seinen eigenen Posts Lob und Jubel zu hinterlassen. Eine komplette Person hat er da erfunden, eine junge Frau mit eigenen Followern und Photos von Katzen, @katzentatze, außer ihm weiß niemand, dass er das ist. Gerade will er von dort aus auf sein wirkliches Profil gehen, will sich selbst besuchen, als fremder Gast, als er eine Bewegung neben sich wahrnimmt.

»Entschuldigung, darf ich ein Selfie mit Ihnen machen?«, hört er eine dünne Stimme. Ein Kind steht neben seinem Plüschsessel, im roten Mäntelchen, Mädchen oder Junge, das ist schwer zu sagen, es ist auch egal, das ist das Letzte, was er brauchen kann, dass hier gleich ein deutsches Kind diese Lobby zusammenbrüllt, weil er auf dem Photo womöglich aussieht wie ein Zombie. Er schüttelt den Kopf, unwirsch, und sieht erst dann die Mutter hinter dem Kind, die ihre Lippen zusammenkneift und irgendetwas von *Person des öffentlichen Lebens* zischt, »Sie sind für alle da!«, aber er kann auf sie nicht reagieren, denn plötzlich sieht er, dass auf seinem echten Profil der Ring aufleuchtet, er ist Live, wie kann das sein, er ist nicht Live, ganz bestimmt nicht, jemand muss seinen Account gehackt haben, jemand gibt sich als er aus und überträgt jetzt in Echtzeit irgendwelche Aufnahmen von Gott weiß woher.

Adrian fährt hoch und stolpert aus der Hotellobby, den weichen Teppich unter den Füßen, die keifende Stimme der Mutter hinter sich, links und rechts von ihm verbeugen sich die Pagen in den Livreen, sein Ellbogen schlägt gegen das Glas der Drehtür. Draußen sind die Wolken aufgerissen, die Sonne scheint durch den Spalt und überstrahlt seinen Bildschirm, aber er sieht es noch, er sieht gerade noch das Videofenster aufspringen: Jemand steht da und blickt direkt in die Kamera, aufrecht und stumm.

Adrian erkennt ihn, er erkennt ihn sofort. Es ist niemand, der versucht, sich als Adrian auszugeben. Es ist jemand anderer, jemand ganz anderer. Seinen Arm hat er in den Himmel gereckt, den Griff seines Schwertes hält er steil abwärts, seine weitausgespreizten bronzenen Flügel stechen in den wolkenverballten Himmel. Es ist der Engel auf der Spitze der Burg.

Adrians Handy beginnt zu schrillen, eine unbekannte italienische Nummer ruft ihn an, und er sucht gar nicht erst nach seinen AirPods, sondern reißt sofort das Gerät hoch. Wind kommt auf und fährt über das Mikrofon und über den Lautsprecher, es kracht und knattert an seinem Ohr.

»Ja«, brüllt Adrian, während er weiterläuft, weg von diesem Hotel, in eine Gasse hinein.

»Adriano«, sagt eine Frauenstimme. »Wo sind Sie, dov'è?«

Adrian atmet scharf ein, er erkennt ihre Stimme. »Francesca, das geht zu weit, sagen Sie denen, die müssen das jetzt auflösen, sofort!«

»Scusi?«

»Die müssen aufhören damit, das ist nicht mehr witzig!«

»Adriano, ich verstehe nicht …«

»Es reicht!« Und weil es das Einzige ist, was ihm auf Italienisch einfällt: »Basta, basta!«

Einen Augenblick lang ist es still. »Non capisco«, sagt sie dann. »Auflösen? Cosa? Chi? Was meinen Sie?«

Adrian schluckt. »Das Team, die *Versteckte Kamera*, hören Sie, ich habe das längst durchschaut.«

»Was durchschaut?«

»Die Sendung, *Versteckte Kamera* oder ist es die andere, *Verstehen Sie Spaß*?«

»Adriano«, sagt sie leise, ihre Stimme klingt mitleidig. »Non è come pensa. Das ist kein Spaß.«

Adrian stockt mitten im Schritt. Ganz kalt wird ihm. Seine Hand sinkt abwärts, auf seinem Screen ist noch immer das Live geöffnet. Der Engel steht unbewegt auf seinem Sockel, er kann sich nicht bewegt haben, aber die

Wolken, die über ihn hinwegziehen, lassen Schatten über seinen Bronzekörper flackern, und einen Moment lang wirkt es, als würde der Engel sich ihm zudrehen. Plötzlich kommt Adrian ein Verdacht, die Bewegung erinnert ihn an etwas, nein, an jemanden, und er zoomt näher an das Engelsgesicht heran, an *das Antlitz,* und nun hat Adrian keinen Zweifel mehr.

Der Engel ist Michele.

»Adriano?«, hört er Francescas Stimme. Adrians freie Hand hat sich in eine Wand gekrallt, die Stadtmauer ist das vielleicht, er spürt Sandstein unter seinen Fingernägeln, sein Körper schwankt.

»Adriano«, ruft Francesca wieder, durch das Brausen des Windes hindurch, »ich will helfen. Sagen Sie mir, wo Sie sind.«

Das Gewölbe ist dämmrig und kalt. Francesca hatte recht. Die Menschenmassen sind alle auf der Oberfläche der Stadt: in den Museen des Vatikans, am Trevi-Brunnen, im Kolosseum, sie essen Eis auf der Spanischen Treppe, trinken Aperol Spritz am Campo de Fiori oder rudern über den See bei der Villa Borghese. Aber hier unten ist niemand, nicht um diese Zeit. Von irgendwoher kann er ein Rauschen hören, es riecht modrig, direkt neben ihm tropft Wasser in eine Pfütze.

Er hört das Klackern ihrer Stöckelschuhe, bevor er sie sehen kann. Sie muss die vielen Schleifen durchlaufen, die abwärtsgestapelten Geschosse dieses merkwürdigen, unterirdischen Orts: von der Oberkirche in die Unterkirche, tiefer und tiefer, bis zu ihm.

Adrians Hand umklammert noch immer sein Telefon, aber es ist hier unten nutzlos, es gibt keinen Empfang. Photos zu machen, ist nicht erlaubt, das haben sie ihm oben in der Sakristei gesagt, als er die Eintrittskarte für die tieferen Ebenen gekauft hat. Genau deswegen hat Francesca ihm diesen Treffpunkt vorgeschlagen: eine ausgegrabene Kultstätte, in der keine Aufnahmen erlaubt sind, keine Videos, keine Photos und erst recht kein Live. Und er braucht das: Er braucht die Ruhe, er muss einen klaren Kopf bekommen. Er muss endlich begreifen, was mit ihm passiert.

Durch die Steingänge hindurch kann Adrian Francesca auf sich zukommen sehen. Gerade schiebt sie sich seitlich durch einen engen Felskorridor. Ihre Hand tastet sich an der Wand entlang, zu einer Treppe hin, sie sucht Halt auf den bröckelnden Stufen.

Ihre Augen leuchten auf, als sie ihn entdeckt. »Adriano!«, ruft sie und läuft mit ausgebreiteten Armen zu ihm. Er weiß nicht, was er erwartet hat, aber ihre Freude überrascht ihn. Adrian schließt kurz die Augen, als er die Wärme ihres Körpers an seinem Brustkorb spürt. »Wieso haben Sie keine Angst?«, murmelt er in ihr Haar hinein, das noch röter ist, als er es in Erinnerung hat.

Sie lacht leise gegen seine Schulter. »Vor was?«

Vor mir, will Adrian rufen, aber dann schüttelt er nur den Kopf.

Francesca löst sich aus der Umarmung und greift seine

Hand. »Kommen Sie, Adriano, da drüben können wir uns setzen. Wie gefällt Ihnen La Lasagna?«

Allein das Wort lässt Adrians Magen knurren. »Lasagne?«

»Wir nennen das so, wegen der Schichten. Basilica über Basilica über, come si dice, Kultstatt. Haben Sie den tempio mitraico schon gesehen?«

Wieder schüttelt Adrian den Kopf. Sie setzen sich auf die Stufen einer kleinen Steintreppe. Einen Augenblick lang sind sie still. Das Rauschen des Wassers klingt jetzt näher, ein unterirdischer Strom muss das sein, oder eine Kloake. »Rom hat eine ganze Stadt unter der Stadt«, sagt Francesca schließlich. »Alles storico, so wie hier. Wir bauen auf alten Mauern, immer höher. Irgendwann stoßen wir mit unseren Köpfen gegen den Himmel.«

Adrian versucht, eine Frage zu stellen, irgendwie interessiert zu wirken, aber es gelingt ihm nicht. »Ich habe gerade für Sightseeing keinen Kopf.«

Ihre Augen weiten sich. »Certo, entschuldigen Sie. Aber Sie haben bestimmt Hunger, ich habe etwas mitgebracht.« Sie hält ihm eine Papiertüte hin, und Adrian greift sofort zu. Ein belegtes Ciabatta zieht er aus der knisternden Tüte hervor, mit geräuchertem Schinken und Mozzarella und Rucola auf einer Pilzpaste. Schon der erste Bissen beruhigt Adrians ganzes System. Die Steintreppe ist schmal, sie sitzen dicht aneinander, die Beine angezogen, ihr Knie lehnt an seinem Knie.

Sie lacht: »Wie sagt ihr Deutschen: Der Teufel frisst Fliegen? Dann bist du nicht il diavolo, egal was alle sagen.«

»Was sagen sie denn?«, fragt Adrian automatisch und kaut weiter. Die Pilzpaste schmeckt nach Trüffeln.

»Niente. Es … es gab viel Geschrei.« Sie zögert. »Keiner kann sich erklären …«

Adrian kaut und schluckt: »Ich kann es ja auch nicht erklären. Vielleicht bin ich verflucht.« Er will über seine eigenen Worte lachen, aber es gelingt ihm nicht, er spürt selbst, wie ihm sein Grinsen verrutscht.

Auch Francesca lacht nicht, sie nickt, ganz ernsthaft. »Ein Fluch? È possibile.«

Adrian will widersprechen, will ihr sagen, dass das, nein, nicht möglich ist. Er ist nicht abergläubisch, nie gewesen, nicht einmal gläubig ist er, aber dann sieht er das Live vor seinem inneren Auge, dieses Live, das wahrscheinlich oben, auf der Oberfläche der Stadt, weiterhin durch das Netz züngelt, unter seinem Namen, vor den digitalen Augen der ganzen Welt, und er sagt: »Der Engel oben auf dem Kastell – was weißt du über den?«

Francesca lacht. »Ich dachte, du hast keinen, wie hast du gesagt, *Kopf* für Sightseeing?« Sie streicht sich eine ihrer roten Haarlocken aus der Stirn, bevor sie fortfährt: »Arcangelo San Michele. Er steckt sein Schwert weg und sagt: So, finito, das ist das Ende der Pest.«

Michele. Der Erzengel heißt Michele.

Adrian, der gerade den letzten Bissen Ciabatta an seinen Mund heben wollte, stockt mitten in der Bewegung. »Könnte …«, er kann die Frage kaum aussprechen, »… könnte so ein Erzengel mich verfluchen?« Francesca

48

schüttelt heftig den Kopf. »Engel tun Gutes, besonders Arcangeli. Sie kümmern sich um das Volk.«

Etwas schiebt sich ihm ins Gedächtnis, ein Moment in der Bar, in der er gestern mit Michele saß. Da war etwas gewesen, ein Pakt oder ein Spiel, von Dankbarkeit war die Rede, das fällt ihm jetzt ein, *dir zum Dank,* es gab einen Einsatz, irgendwann applaudierte die ganze Bar. Hatte er da nicht gewonnen? Aber was?

Francesca beobachtet ihn aufmerksam, ihr Gesicht ist jetzt nah an seinem, er riecht wieder ihren Duft nach Lavendel und Pinien und Zigaretten, der ein bisschen ins Säuerliche gekippt ist. »Du …«, sagt sie, und er weiß gar nicht, wie sie in dieses Du herübergerutscht sind, wieso sie auf einmal so vertraut mit ihm ist. »Du bist so schön. Wie mit filtro bellezza.«

Adrian zuckt zurück. Die Schönheitsfilter. Plötzlich begreift er es. Deswegen hatten sie in der Bar das Selfie aufgenommen! Alle möglichen Filter hatte er über dieses Photo gelegt, hatte sie Michele vorgeführt und über sein ungläubiges Staunen gelacht. Michele der, das fällt ihm jetzt ein, unter jedem der Filter gleich aussah. Nichts schien sich an ihm zu verändern, während er, Adrian, sich verjüngte und verschönerte, so sehr, dass Adrian irgendwann ausrief: »Sowas brauche ich in echt!«

»Einfach aufwachen und einen Filter drauf haben, das möchte ich mal«, hat er gesagt.

»Egal was passiert: unabschminkbar«, hat er gesagt.

Er hat gesagt: »Da würde ich meine Seele für verkaufen.«

Und Michele hat ihn angesehen, mit diesem Blick unter dichten Wimpern hervor, während hinter ihnen die alten Männer vor dem Fernseher aufjubelten, weil irgendein Pferd als schnellstes die Ziellinie überquerte. Er hat sich mit der Hand über die Flügelspitzen gestrichen, diese Flügel, die Adrian für ein verblüffend gutes Kostüm gehalten hatte, und ihn gefragt: »Zu welchem Preis?«

Adrian springt auf. Auf einmal spürt er das Gewicht über sich, diese über ihm aufgetürmten Kirchenschichten mit ihren Steinpfeilern und Tuffsteinkammern und goldenen Kreuzen. An seine Studentenbude muss er plötzlich denken, als er nichts wusste von den Säcken voller Müll, die der über ihm wohnende Messie über Adrians Kopf stapelte. Er muss hier raus, muss aus diesen Katakomben, er muss zu Michele, hinauf auf die Burg. Schnell stopft er sich den letzten Rest des Ciabattas in den Mund und wischt seine Hände an seiner Hose ab. »Ich muss los, Francesca. Danke für das Sandwich.«

Francescas Arm schnellt vorwärts, sie packt ihn an seinem Handgelenk, mit dem eisernen Griff, den er jetzt schon von ihr kennt. »Das geht nicht«, sagt sie scharf, »non è possibile, du kannst da nicht raus.«

Adrian stockt. »Was?«

»Sie sperren dich ein, sie fangen dich. Du kommst ins laboratorio oder verschwindest. Dich darf es gar nicht geben.«

»Das ist doch Unsinn.«

Ihre Stimme wird plötzlich schrill. »Was denkst du? Du

bist un mostro, alle haben mitgefilmt und hochgeladen, das Material vom Casting ist überall, ovunque, du kannst da nicht raus, du … du mostro!«

Adrian starrt sie an. Mit einem Ruck zieht er seinen Arm aus ihrem Griff. »Lassen Sie mich los«, blafft er, »was soll das!«

Etwas flackert in ihrem Blick, ist es Irrsinn, was ist das. Sie springt auf. »Aspetta, Adriano! Ich will dir helfen«, ihr Gesicht ist dicht an seinem, viel zu dicht, ihre Hände liegen auf seinen Schultern auf, sie ringt nach den deutschen Worten. »Zieh aufs Land, con me. Ich benutze meine Kamera nicht mehr, nie wieder. Wir leben offline, und ich habe den schönsten Mann. Das ist deine einzige Chance, l' unica possibilità.«

Er weicht zurück, er kann sehen, dass es ihr ernst ist. Und einen kurzen Moment lang blitzt dieses Leben vor ihm auf, er und Francesca auf einem Hof, irgendwo in den Bergen, Monti Sibilini, sie haben einen Hund, sie halten Hühner und züchten Kräuter auf Hochbeeten, sie backen Pizza in einem gemauerten Ofen im Garten – aber da ist wieder dieses Flackern in ihrem Blick, und schon reißt Adrian sich los, er dreht sich um und läuft, so schnell er kann, durch die verwinkelten Gänge, weg von hier, weg von ihr, und Francescas Stimme hallt hinter ihm her, sie prallt gegen die gesplitterten Fresken an den Wänden, während er durch die Steinkorridore der Unterkirche aufwärtseilt, hinauf in den hohen Altarraum der oberen Basilika. »Du gehörst mir, Adriano, du gehörst mir!«

Sein Handy beginnt zu pingen, als er die Tür zum Innenhof des Klosters aufstemmt, er hat wieder Empfang, die Nachrichten fluten auf allen Kanälen herein. Auf seinem Bildschirm erscheint zuoberst eine Nachricht von Sybill, die er noch immer als Favoritin gesetzt hat: »Was geht da, Adrian, wtf, bist du ok?«

Adrian hält nicht an, er läuft auf die nächstgrößere Straße zu, ruft sich per Standort ein Uber, Autos rauschen an ihm vorüber, ein nicht enden wollender Strom, eine der Hauptstraßen muss das sein, und er hat Glück, sein Fahrer rollt schon auf ihn zu, in einem schwarzen Wagen mit getönten Scheiben. Adrian sinkt in die ledernen Sitze, »Castelo di Angeli«, ruft er dem Fahrer zu, während er Francesca im Rückspiegel auftauchen sieht, die gerade aus dem Steingang der Basilika stürzt und sich in alle Richtungen umblickt. »Fahren Sie, rapido, pronto!«

Dass er das Handy nicht entsperren sollte, denkt er noch. Die Nachrichten nicht lesen, keine Sprachnachrichten abhören, bis er bei der Engelsburg ist, und vor allem nicht online gehen, nicht sein Profil öffnen, nicht nachsehen, ob dieses Live noch läuft. Aber sein Geist ist wieder zu langsam, der gefasste Entschluss viel zu schwach. Seine Finger haben Adrian schon eingeloggt, bevor er noch weiter denken kann. Das Uber braust über eine Kreuzung, jemand hupt, eine Vespa bremst, die Fahrerin gestikuliert ihnen hinterher, aber Adrian sieht das alles nicht, er sieht nur das aufgesprungene Fenster des Live, sieht, dass der Engel nicht mehr allein ist. Jemand steht da, er steht hoch oben auf dem Sockel, direkt neben Michele. Zahnlos grinst er in die Kamera hinein, sein weißes Haar weht im Wind.

Der da steht, ist er selbst.

Es gibt keine Zweifel, er erkennt sich genau. Es liegt nicht am Aussehen des Typen, der da steht, nicht an der Kopfform oder den schmalen Händen oder der Größe seines Körpers. Es ist die Art, wie er sich hält, es ist der Blick. Adrian spürt eine Zugehörigkeit, die er nicht erklären kann. Und noch etwas beginnt er zu begreifen.

In einem zweiten Fenster öffnet er seine Photos von gestern. Da ist das Bild von ihm und Michele, bei dem ihn der Winkel gewundert hat, weil er nicht verstand, wie er sich so nah mit der Statue photographieren konnte. Erst jetzt sieht er, dass er das Bild gar nicht auf der Burg aufgenommen haben kann. Im Hintergrund ist nicht der römische Himmel zu sehen und auch nicht die Stadt. Es ist die Backsteinwand aus der Bar. Aber darum geht es ihm nicht. Adrian wischt nach links, zu dem Bild, das er sucht. Es ist das Selfie, das er in dem Moment gemacht hat, bevor Michele in ihn hineinfiel. Es ist so, wie er es sich gedacht hat. Der wirre Alte, der da auf ihn zustürzte, das ist der Mann, den er hier im Live stehen sieht. Es ist er selbst, es ist alles er selbst.

Adrian ist auf einmal ganz ruhig. Einen Moment lang prüft er noch, ob es anders sein kann. Ob Francesca ihm etwas in das Ciabatta gemischt hat, damit sie ihn in ihr Haus in den Bergen abtransportieren kann, ohnmächtig in den Kofferraum ihres Autos gestopft oder blöde grinsend auf ihren Beifahrersitz geschnallt, wer weiß, was da für Pilze in der Paste waren, der Geschmack verdächtig bitter.

Aber er fühlt sich ganz klar.

Fast muss Adrian lachen, als er jetzt auf das Live zurückgeht und das Chat-Fenster öffnet, durch das man mit dem Verursacher des Live kommunizieren kann. In eine Flut aus Kommentaren muss er sich einreihen, seine eigenen Follower schreiben da, sie schicken Flammen und Herzen und Raketen, sie sind begeistert. Sie halten das Ganze noch immer für einen PR-Gag. Werbung für einen großen Blockbuster muss das sein, die Meinung hat sich durchgesetzt: *Adrian goes Hollywood.* Gerade streiten sie darüber, wer das Ganze wohl verfilmt, Lynch, Cronenberg, Christopher Nolan.

Adrian überlegt kurz, wie er auf sich aufmerksam machen kann. Wie er es schafft, dass seine Nachricht nicht überlesen wird. Von seinem Katzenfrau-Account aus kann er ja nur schreiben, er muss klarmachen, wer er ist, ohne dass die anderen es begreifen. Der Begriff des *digital twin* fällt ihm ein, digitale Zwillinge, die man selbst erschafft und formt, virtuelle Dopplungen, die sich abspalten und irgendwann das Verhalten ihres physischen Gegenstückes vorhersagen können, egal ob Gegenstand oder Mensch.

Hey, digital twin, schreibt Adrian, *was geht. Alles fit im Schritt?*

Es funktioniert. Der Digital Twin stutzt und beginnt zu

lachen. »Ich weiß, wer mir da schreibt«, ruft er mit krächzender Stimme. Er scheint sich auf die Kamera zubewegt zu haben, auch wenn das nicht geht, denn da, wo sie positioniert sein müsste, ist nichts als Luft, hoch oben über der Besucherterrasse. Trotzdem ist sein Gesicht plötzlich viel näher als vorher, man sieht das eiternde Zahnfleisch in seiner Mundhöhle, die Krater der ausgefallenen Zähne. Adrian will sich abwenden, aber er muss dranbleiben, denn das hier, das ist sie nun wirklich, seine einzige Chance, l'unica possibilità.

Das Uber rattert über Kopfsteinpflaster, in Adrians Hand springt das Smartphone hin und her, aber seine Finger sind ruhig, ganz ruhig, als er jetzt tippt.

Frag Michele, was das soll, tippt Adrian.

Der Fahrer bremst hart ab und lässt die Fensterscheibe abwärtsgleiten, er lehnt sich hinaus und flucht. Und plötzlich gibt es auch auf dem Bildschirm einen Ruck, die Kameraperspektive dreht sich, sie hat jetzt den Engel im Fokus, seine bronzene Hülle, die Haarwellen, die sich im Wind zu bewegen beginnen, die Flügel, die sich zitternd abspreizen, die blicklosen Augen der Statue, die sich auf einmal öffnen und beleben.

»Das war dein Begehr«, sagt Michele. Er spricht nicht mit dem Digital Twin, er blickt direkt in die Kamera hinein, er spricht Adrian an, es gibt keinen Zweifel: Er kann ihn sehen.

»Dein Wunsch«, sagt Michele, »ward gewährt.«

Nun zuckt Adrian doch zusammen, er spürt Micheles

Blick auf sich, er hört seine Worte, hört Michele weiterreden: »Ein gerechter Handel war das.«

»Nein«, brüllt Adrian. »Nein!«

Aber Michele scheint ihn nicht zu hören, nur der Fahrer schreckt zusammen, während Michele lächelt, einfach dieses freundliche Lächeln weiterlächelt und sanft sagt: »Dein Spiegelbild habe ich dir gelassen, mein Freund. Es gibt kein Zurück.«

Und Adrian begreift, was er hört, er heult auf und drischt mit seiner geballten Faust auf die Ledergarnitur des Rücksitzes ein, im Rückspiegel starren die Augen des Fahrers ihn an, während im Live ein Gelächter zu hören ist, das Lachen des Digital Twin, der sich jetzt wieder ins Blickfeld schiebt.

»Sorry, Katzentatze«, ruft er und reckt seine dürren Arme in den Himmel. »Beware what you wish for!« Und dann mit einem Sprung zur Kamera, so nah, dass man die grauen Haare in seinen Nasenlöchern sehen kann: »Lasst's Euch eine Lehre sein, liebe Kinderlein!«

Adrian krümmt sich jetzt auf dem Rücksitz des Wagens, richtig schlecht ist ihm, seine Gedärme krampfen, vielleicht war da doch was in dieser Pilzpaste, aber er tippt weiter, er tippt in das Smartphone, das in seiner Hand herumhüpft, während sie wieder über Kopfsteinpflaster rattern. *Ich wollte das nie*, schreibt Adrian, *nicht so.*

Seine Worte gehen in der Flut der schneller und schneller aufschießenden Kommentare unter, Totenköpfe und Lachemojis strudeln über den Bildschirm, die Follower überschlagen sich im Chat-Stream, LOL, *wer ist die Katzenlady, was will die,* @katzentatze *shut the fuck up*, und der Uber-Fahrer macht eine Vollbremsung, wedelt ihn mit beiden Händen aus dem Wagen und fährt dann mit quietschenden Reifen davon.

Am Straßenrand steht Adrian jetzt, am Beginn der Brücke mit den Engelsstatuen, die direkt auf den Eingang der Burg zuführt, und er kämpft sich vorwärts, das Smartphone fest im Griff. Eine Idee hat er plötzlich, er drückt auf die Anfrage, will zugeschaltet werden in dieses Live, als Gesprächspartner im gesplitteten Videobild, die Sekunden, in denen der Creator seine Anfrage annehmen kann, beginnen abwärtszuzählen, 59, 58, 57, während Adrian zu rennen beginnt, an schlendernden Touristen vorbei, hin zu dem Tor, hinter dem sich Menschentrauben um die Kasse und die Toilettentüren drängeln, 21, 20, 19, Adrian zögert nicht, er drängt sich an der Absperrung vorbei, vorbei an den rufenden Sicherheitskräften, niemand wird ihn hier zurückhalten, niemand, 10, 9, 8, plötzlich springt das Fenster auf, ein Splitscreen, und da ist sie wieder: die Fratze, die er geworden ist, direkt neben dem Gesicht von Michele, nur dass Micheles Bild unbewegt ist, während in Adrians Hintergrund die Sicherheitsleute herumruckeln, zwischen seinem im Lauf wehenden, flusigen Haar.

»Du musst mir helfen!«, brüllt Adrian und starrt dabei nicht auf das Bild von sich, nicht auf den Digital Twin, der gerade den Arm um Micheles Schulter legt, er sieht nur auf

Michele, Michele allein.»Michele, hilf mir, ich flehe dich
an!«

Der Engel seufzt.

Es ist ein Ausatmen, ein Hauch.

Und plötzlich ist es, als würde die Zeit aus den Fugen
springen. Die Menschen um Adrian herum scheinen sich
rückwärtszubewegen und schneller zu sein, viel schneller
als er. Die Sicherheitskräfte fließen weg von ihm. Es ist, als
bewegten sie sich im Zeitraffer, die Rückspultaste wurde
gedrückt, Gesichter und Körper gleiten an ihm vorüber,
sie rutschen die Rampe zur Grabkammer abwärts, und er
kämpft gegen den Strom, er bewegt sich hinauf in die Fes-
tung. Michele steht unbewegt und lächelt ihm zu. Adrians
Hand umkrampft das Handy, während er aufwärtsläuft,
höher und höher hinauf, über Treppen und Stufen, durch
Säle und Gemächer und Burghöfe, aber was ist das, plötzlich sieht er, dass seine Hände runzlig werden, während
sein Bild im Live wieder schön wird, normal wird, was
ist das, sein Knie schmerzt, er muss seinen Rücken beugen, der Blick verschwimmt ihm, die Geräusche werden
dumpf um ihn herum, aber er schleppt sich weiter, er hinkt
an den Gefängnisräumen und Schatzkammern vorbei, die
steinerne Wendeltreppe aufwärts, bis hoch zu der Terrasse,
über der die Statue thront.

Er ist da.

Er ist schon da.

In seinem trüber und trüber werdenden Blickfeld kann er ihn erkennen: den gestrigen Adrian, der lächelnd nach dem richtigen Blickwinkel sucht, sein Handy hoch in die Luft gereckt. Gut sieht er aus, müde vielleicht, aber froh. Eine Glocke beginnt zu schlagen, es ist die Glocke direkt neben der Statue, warum ist sie Adrian vorher nie aufgefallen, die Armsünderglocke, *Hinrichtungen verkündet sie*, sagt Francescas Stimme, *sie steht für die Vergänglichkeit des Schönen, Adriano, und für die Grausamkeit der Welt, Campana della Misericordia,* niemand lässt sie mehr erklingen, aber jetzt erklingt sie doch, in tiefen Schlägen. Ihre Schallwellen dringen durch das Gemäuer und bringen es zum Zittern. Das Rütteln fährt durch die Schichten aus Stein, hoch oben beginnt die Engelsstatue zu schwanken, der gestrige Adrian sieht das nicht, er betrachtet sich im Bildschirm seines Smartphones, nur sich, und Adrian schreit auf und reckt sich selbst die Hand entgegen, verhindern will er all das, er ruft und wirft sich vorwärts, auf sich zu, und noch in der Bewegung begreift er, dass er das Falsche getan hat, genau das Falsche.

Adrian sieht Adrian auf seinem Bildschirm, der gestrige den heutigen, aber was ist schon gestern, was ist schon heute, er fährt herum und weicht vor sich selbst zurück, vor dem wirren Alten, der da auf ihn zustürmt, mit zuckendem Blick, und verändert so den Verlauf seiner Bewegungslinie. Noch einmal schlägt die Glocke, und der Engel fällt, er fällt wie in Zeitlupe auf Adrian zu, er fällt wie Fledermäuse im Schlaf, denen im Sommer die Gluthitze die Füße aus den Dachbalken löst, sie erwachen zu spät, sie erwachen im Sturz. Auch der Engel öffnet zu spät seine Augen, kopfüber stürzt er, wie Prometheus, dem es die Flügel versengt, abwärts, die Stadt unter sich, das im Herbstlicht lodernde Rom.

La Vuelta

für Pero

Ich kann hier nicht bleiben. Dieses Licht ist eine Beleidigung. Richtig fahl sehe ich darin aus. Mein ganzer Sinn bröckelt, wenn man mich nicht betrachten kann. Dafür hat er mich nicht geschaffen! Empörend ist das. So lasse ich mich nicht behandeln. Mich kann man nicht einfach in ein Kabuff sperren. Wie soll man denn da in meinem Anblick versinken. Ich fühle mich schon ganz blass.

Zuhause ist alles anders. Auf meiner Insel ist das Licht warm. Selbst wenn der Himmel bewölkt ist, glühen dort meine Farben. Er hat, als er mich schuf, die Staffelei an die offene Balkontür gestellt. Jeden Morgen konnte ich von dort aus sehen, wie das Meer zu glitzern begann. Die Sonne geht bei uns am Hafen von Vueltas auf. Ich mag den Ort: Vuelta ist die Wiederkehr, glaube ich, und die Sonne beherzigt das. Jeden Morgen hebt sie sich über die Bergkuppe und strömt über die Dachterrassen in die kühlen Hotelpools. Meistens bringt ein warmer Wind die Palmen und Bananenstauden zum Rascheln. Abends hörte ich die Trommeln vom Strand. Es gibt hier an der Straßenkurve ein salzluftzerfressenes Haus, in dem früher eine Bar gewesen sein muss. Als die Besitzerin starb, schloss dort der Ausschank, aber zum Sonnenuntergang sammeln sich die Menschen noch immer vor der verwitterten Hausfront. Sie ziehen Büchsen und Flaschen aus ihren Rucksäcken, stupsen sie gegeneinander und setzen sich auf das Steinmäuerchen, das die Promenade vom Strand abgrenzt. Sie wippen im Rhythmus der Trommelschläge, die die im Sand kauernden Musiker erzeugen, und blicken über das Meer. Wenn die Sonne hinter der Wasserlinie verschwindet, applaudieren sie. Ich verstehe das nicht (kann die Sonne sie hören?), aber anscheinend machen Menschen das so. Mein Meister war auch oft dort. Wenn er im Dunkeln nach Hause kam, konnte ich das Gesehene aus seinen Augen ablesen. Ich sah Gestalten und Farben und Bewegungen und setzte mir alles zusammen. Darin bin ich gut. Wenn ich mich sehr konzentrierte, entdeckte ich sogar ein Echo der Gefühle, die er durchlaufen hatte. Das war kniffelig, weil ich sowas ja selbst nicht habe. Aber ich brachte mir bei, seine Regungen zu deuten. Einen ganzen Katalog aus Menschengefühl habe ich mir angelegt und konnte bald vieles einordnen: Enttäuschung, Freude, Traurigkeit. Belustigung, Mitleid. Oft musste ich schmunzeln. Ich mag seinen Blick auf die Dinge. Er ist sehr wach und hat – so sagt man wohl – ein warmes Herz.

Die Neue ist anders. Bei ihr dreht sich alles um ihren dämlichen menschlichen Körper. Ständig dehnt und streckt sie sich und starrt sich dabei im Spiegel an. Als gäbe es außer Muskeln und Sehnen irgendetwas an ihr zu entdecken! Sie hat keine Vielschichtigkeit, keine Textur, keine Tiefe. Auch wenn sie Abend für Abend zu Musik auf einer Bühne herumhüpft und sich dafür von Zuschauern beklatschen lässt: Sie ist kein Original, nicht so wie ich. Sie ist innerlich völlig hohl.

Ich kann das von hier oben aus genau beurteilen, sie liegt ja jede Nacht unter mir. Sie hat mich am Kopfende ihres Bettes anbringen lassen. Die meisten meiner Kollegen wären glücklich über so einen Platz. Nachtzimmer sind für uns viel spannender als Galerien oder Museen: Wir bekommen nackte Haut zu sehen oder können Streitereien, Stöhnen, Schlafreden belauschen. Vor allem aber können wir in den Träumen herumblättern. Bei meinem Meister war das eine meiner Lieblingsbeschäftigungen. Wenn er nachmittags in seinem abgewetzten Ateliersessel einnickte, begann für mich die Unterhaltung. Ich sah das Geträumte direkt aus seinem Brustkorb aufsteigen. Was da so aus seinem Leben zutage kam! Damit könnte man ganze Filme gestalten: Krimis, Komödien, Kriegsfilme, großes Kino. Aber hier, bei meiner *Besitzerin*, tut sich einfach nichts. Alles, was sie denkt und tut, ist belanglos. Meistens geht ihr Gehirn Bewegungsabläufe durch, die sie mit anderen Tänzerinnen einstudiert. Sie zählt ständig den Takt, 1, 2, 3, 4, 1, 2, 3, 4. Ich langweile mich zu Tode. Einen Gefährten hat sie auch nicht, zumindest kommt nie einer vorbei. Sie schreibt sich nur manchmal mit anderen Menschen über dieses Telefongerät, das sie abends auf ihrem Nachttisch ablegt und morgens als Erstes wieder in die Hand nimmt. Mein Meister hat sowas Ähnliches, aber es war ihm nicht so wichtig wie ihr. Sie starrt es an, als wäre es eine besonders kunstvolle Freske. Oft tippt sie mit ihrem Zeigefinger auf der Oberfläche herum. Wahrscheinlich hat ihr nie jemand gesagt, dass man dadurch die Farbe abträgt. Ich muss ja froh sein, dass sie mich nicht auch noch antatscht. Bei ihr ist alles möglich. Sie hat kein Benehmen, nicht so wie er.

Es muss einen Weg heim geben, zurück zu ihm.

Wir wohnen in einem blauen Haus, er und ich. Es steht in einer aufwärtsstrebenden Gasse. Der ganze Ort ist am Berghang erbaut. *La Calera* heißt er, wie der weiße Kalk. Er besteht aus vielen verschachtelten Häuschen und Stufen. Immer geht dort gerade jemand treppauf, treppab. Ich mag das Geräusch der Füße auf den steinernen Stufen. Die, die nur zu Besuch auf der Insel sind, erkennt man an ihrem Keuchen. Sie stapfen im Morgengrauen in schweren Bergstiefeln nach oben und kommen dann gegen Nachmittag mit roten Gesichtern und trommelnden Herzen zurück. Oft bleiben sie stehen und bestaunen die Gegend. Dort ist es aber auch schön! Man kann sehen, woher mein Meister seine Farben nimmt. Überall sind blau und grün gepinselte Holztüren und bunte, ins Mauerwerk eingelassene Fliesen mit Blüten-Ornamenten. In den Blumentöpfen summen die Bienen und durch die Ritzen der Steinwälle huschen die Geckos.

Als mein Meister und ich einmal zusammen in die Galerie gingen, konnte ich das alles genau sehen. Das war ein wunderbarer Ausflug. Ein Freund musste uns helfen, mich hinunter nach Playa zu tragen, ich bin schwer und sperrig. Ein Musiker war das, mit verhornten Fingerkuppen und mit langen braunen Haaren. Ich mochte ihn sehr. Mein Meister und er haben immer viel geraucht, geredet, gelacht. Oft haben sie auch nur geschwiegen. Wenn er da war, war immer Wärme im Raum. Manchmal nickte er mir zu. Irgendwann kam er nicht mehr, ich weiß nicht, wieso. Mein Meister trägt ihn seitdem in seinem Inneren herum, das kann ich sehen. Wahrscheinlich bedeutet das, dass der Musiker nie wiederkehrt. Er ist eine Lücke geworden. Das ist wie bei uns, wenn man uns abhängt. Man erwartet, uns noch dort zu sehen, wo wir waren. Aber da ist nur noch ein Abdruck an der Wand, ein hinterlassener heller Schatten.

Dass auch ich für meinen Meister nun eine Lücke bin, kann ich noch gar nicht glauben. Es ist, als hätte mich jemand in der falschen Wirklichkeit anmontiert. Aber ich komme heim. Das verspreche ich, mein Meister! Ich muss nur noch herausfinden, wie.

Ich habe schon überlegt, die Neue im Schlaf zu töten. Das wäre leicht. Ich müsste mich nur nach vorne fallen lassen, mit voller Wucht. Wenn ich ihren Schädel dabei nicht mit meinem Rahmen zertrümmere, kann ich sie ersticken. Ich habe schon berechnet, in welchem Winkel ihr Daunenkissen liegen muss, damit ich es auf ihr Gesicht drücken kann. Die Möglichkeit ergibt sich fast in jeder Nacht. Die Neue wälzt sich viel herum, ich glaube, sie tanzt im Schlaf. Sie knirscht auch viel mit ihren Zähnen. Meistens verstopft ihre Nase, vor allem wenn sie die grüne Flasche leer getrunken hat, die sie manchmal mit an ihr Bett bringt. Dann schnarcht sie mit offenem Mund. Da könnte ich ihr, wenn sie sich in den richtigen Winkel wälzt, locker das Kissen in die Mundhöhle pressen, das wäre kein Problem.

Aber wer weiß, an wen sie mich vererben würde. Sie hat ja keine Kinder. Womöglich würde dann jemand vom Staat ermittelt, der sich um ihre Sachen kümmert. Der hätte vielleicht keine Ahnung, wer ich bin, und würde mich zerstören. Ich bin da angreifbar, ich brenne gut. Ich bin schließlich aus Karton. Mein Meister ist dafür berühmt, dass er überall die Pappkartons einsammelt und sie verwandelt. Er formt und schnitzt und klebt und bemalt und verleiht seinen Werken nicht nur gedankliche Tiefe. Ich bin vielschichtiger als mancher Mensch.

Seit Tagen zermartere ich mir den Kopf über meine Befreiung. Verzeihung: die Köpfe. Ich habe nämlich drei! Mein Hauptkörper ist in der Mitte, die anderen sind auf den Flügeln. Es ist schwer zu erklären, warum ich dreifaltig bin und trotzdem nur eins. Menschen würden da von sich vermutlich in der Mehrzahl sprechen, aber mir käme das falsch vor. Ich bin nicht die Personen, die auf mir zu sehen sind, das wäre zu kurz gegriffen. Ich bin allumfassend, ich bin das Ganze.

Die Figur, die in meiner Mitte steht, ist ein Mann mit Lendenschurz und weit ausgebreiteten Armen. Ein roter Mantel gleitet ihm über die Schulter, eine Stola schlängelt sich vom Nacken bis zu seinem Hüftknochen, vor seiner nackten Brust baumelt ein Amulett. Rechts schmiegt sich ihm ein Wassermann in die Armbeuge, linker Hand kniet eine Frau. Ihre Haare sind wie aufwärts züngelnde Flammen, ihre Hand liegt auf dem Mantelkragen des Mannes. Die drei sind nicht wirklich verankert. Ich glaube, sie schweben im All. Das entnehme ich meinem Namen. *Space Prophet* hat mein Meister mich genannt, *Der Weltraumprophet*. Was er damit sagen will, weiß ich nicht. Ich habe viel erahnen können, als er mich schuf. In dieser Zeit waren wir eng verbunden. Das heißt trotzdem nicht, dass ich mich selbst verstehe. Manchmal wünschte ich, ich könnte mit ihm über mich reden. Ich habe so viele Fragen.

Sie muss mich ihm zurückgeben. Das ist das Ziel. Vielleicht bekomme ich dann Antworten.

Heute. Heute gehe ich es an. Ich habe jetzt genug Zeit vertrödelt. Die trockene Heizungsluft schadet meinem Teint. Irgendwann werde ich Risse bekommen, das muss ich verhindern. Ich muss sie zu mir locken. Sobald sie das Schlafzimmer betritt, beginne ich meinen Krieg. *Komm*, denke ich, *komm*. Und weil ich das mal gehört habe, als daheim jemand die Hühner vom Berghang herunterlockte: *Putt-puttputt*.

Erst geschieht nichts. Stattdessen höre ich, dass sie in der Küche herumklappert. Sie scheint sich über etwas aufzuregen, ich kenne das schon, sie wird dann ruppig. Die Schubladen quietschen empört, als sie sie aufzerrt, der Kühlschrank ächzt, als sie seine Tür zuknallt. Wahrscheinlich hat ihr Choreograph sie bei der Tanzprobe weiter nach hinten gestellt. Oder ihr gesagt, dass sie abnehmen soll, das verstört sie immer mächtig. Aber für mich ist das gut, ich brauche sie heute verletzlich. Auch wenn ihr Ohr meine Stimme gar nicht wahrnehmen kann: Sie hört dann besser. Ich spreche direkt mit ihrer flachen Seele.

Komm, gurre ich noch einmal, *komm*. Die Weichheit des Bettes versuche ich, ihr in die Gedanken zu pflanzen. Die Geborgenheit der Kissen und der Daunendecke. *Schlaf*, wispere ich. Und dann in der Sprache meiner geliebten Insel: *Siestaaaaaaaa*.

Sie sieht mich nicht an, als sie das Zimmer betritt. Stattdessen tappt sie direkt auf das Bett zu und lässt sich auf die Matratze fallen.

Ich muss kichern. Das läuft ja prächtig.

Sie liegt unter mir und seufzt. Ihr sonst so achtsam geglättetes Haar ist ganz verwuschelt. Als ich sie in der Galerie zum ersten Mal sah, fand ich sie hübsch. Hintergedanken hatte ich da keine, sie war zu jung für meinen Meister. Außerdem hat er eine Gefährtin, eine sehr freundliche.

Sie ist viel interessanter als das dünne Ding, das da unter mir das Kissen zu sich heranzieht und zu mir hochsieht.

Jetzt gilt es.

Menschen wissen gar nicht, wie viel Macht wir besitzen. Sie glauben, dass die Gedanken, die sie haben, wenn sie uns betrachten, ihre eigenen sind. *Als ich dieses Bild angeguckt habe*, sagen sie dann, *musste ich irgendwie an das und das denken.*

Sie haben ja keine Ahnung.

Hastig blättere ich in dem Katalog von menschlichen Gefühlen, den ich mir beim Meister angeeignet habe. Ich muss mir ganz genau überlegen, was ich in ihr hervorrufen will. Ich darf da nicht danebenliegen und sie zu sehr aufregen. Nicht dass sie in der Küche nach einem Messer sucht und in mir herumschlitzt. Was will ich bei ihr erzeugen? Ekel? Nein, dann würde sie mich auf dem Sperrmüll entsorgen. Langeweile? Dann hängt sie mich womöglich ab und stellt mich einfach in den Keller. Ich brauche etwas, das sie dazu veranlasst, mich meinem Meister zurückzugeben. Etwas, das so stark ist, dass sie es nicht erträgt. Oh, ich weiß, was ich tun kann. Wieder muss ich kichern. Es ist so einfach!

Sie entkommt mir nicht.

Ich konzentriere mich, bis die Vision zwischen uns schwebt, zwischen ihren zwei Augen und meinen sechs. Fast ärgere ich mich, dass ich nicht schon früher darauf gekommen bin! Es ist ein Traumbild.

Sie gleitet über die Bühne, ihre Füße berühren kaum den

Boden. Sie wirkt schwerelos und wunderschön. Ihr Körper reckt sich dem Scheinwerferlicht entgegen, als sie jetzt abhebt und springt. Alles an ihr ist grazil. Sie wirbelt um ihre eigene Achse, wieder und wieder, so geschmeidig, als wäre sie ein Teil der Luft. Das Publikum erhebt sich und jubelt ihr zu, Rosenblüten regnen auf sie herab.

Ein bisschen kitschig ist das vielleicht, aber es wirkt. Sie rappelt sich vom Bett auf und tritt näher an mich heran. Ich kann sehen, wie sie sich zu entspannen beginnt. Ihr Atem wird gleichmäßig, sie fühlt sich beruhigt von meiner Gegenwart. Das ist unklug von ihr.

Ohne Vorwarnung schalte ich um. Mitten in einem schwebenden Spagatsprung blähe ich sie auf. Ihr Körper wird unförmig und schwer, die Fettrollen quellen aus ihrem Tüll-Tutu, ihre gerade noch so elegant zum Bühnenhimmel gereckten Arme schwabbeln über ihrem Kopf. Mit einem Ratschen reißt der Stoff ihres Kostüms, ihre aufgequollenen Beine verheddern sich, und sie stürzt. Das Krachen, mit dem sie auf dem Boden aufschlägt, ist ohrenbetäubend. Die Bühnenbretter splittern unter ihrem Gewicht, sie versucht, sich aufzurappeln, aber sie kann ihre Gliedmaßen nicht kontrollieren. Wie ein Käfer liegt sie auf dem Rücken, eine Kakerlake nach unruhigen Träumen, ihre Beine rudern hilflos in der Luft herum. Die Zuschauer beginnen zu buhen, aus den Rängen schleudert jemand ein faules Ei nach ihr, die Schale bricht auf ihrer Nase, der stinkende Glibber läuft ihr ins ohnehin schon fettige Haar, und ich kichere, ich könnte ewig so weitermachen, ich habe solchen Spaß! Aber ihr reicht es schon. Das Grauen schnellt über ihr Gesicht, und sie reißt die Augen auf und weicht vor mir zurück, in blankem Entsetzen. »Du warst ein Fehler«, flüstert sie.

Das höre ich gern. Da kann ich auch gedanklich präziser werden. *Versagerin*, denke ich jetzt. Immer wieder: *Trampel, Wrack, Nilpferd auf Stelzen.* Sie kann die Worte nicht hören, natürlich nicht, aber sie kommen bei ihr an, *Du bist zu plump für Pirouetten.* In dieser Nacht schläft sie nicht in ihrem Bett.

Dass ich mich auf dem richtigen Weg befinde, weiß ich, als am nächsten Nachmittag ein kaugummikauender, glatzköpfiger Mann vor mir steht. »Ditte?«, schmatzt er und deutet auf mich. Sie lehnt im Türrahmen und ist fast zu schwach zum Nicken.

Er überprüft meine Verankerung und schnalzt mit der Zunge. »Isn janz schöner Brocken«, sagt er.

Ich bin geschmeichelt.

»Wo solln dit hin?«, fragt er. Sie zuckt mit den Schultern. Sie sieht so kraftlos aus. Fast könnte sie einem leidtun. Aber natürlich nicht mir.

Der Mann hingegen ist mir sympathisch. Er wirkt so, als könnte ich ihn steuern. Ohnehin kann ich besser mit Männern, das liegt wahrscheinlich daran, dass mich einer erschaffen hat. *Rückgabe*, denke ich und nehme den Glatzkopf ganz fest in den Fokus. *Zu-rück, zu-rück.*

Er runzelt die Stirn. »Können Se dit nich zu… zurückgeben?«, brummelt er.

Ich wusste, er wird mich verstehen.

Das Telefonat, das sie wenig später im Wohnzimmer führt, lässt mich hoffen. Ich kann die Stimme meines Meisters nicht hören, aber ich weiß genau, dass er jetzt auf den Balkon im obersten Stockwerk hinaustritt. Dass er sich dort eine Zigarette ansteckt und seinen Blick über die Scheitel der Palmen talabwärts schweifen lässt, bis hin zum Meer. Vielleicht ist aber auch gerade Calima, der Sandsturm, der oft von der afrikanischen Wüste herüberweht und die Luft mit Chemieabfällen aus den dortigen Fabriken vergiftet. Dann ist es plötzlich viel zu warm, die Luft wird ockerfarben, und die Menschen müssen die Fenster und Türen geschlossen halten. Ich mochte das, mein Meister blieb dann bei mir.

Warum dauert das Gespräch so lang? Mein Meister müsste sich doch freuen, dass ich zu ihm zurückkehre! Stattdessen scheinen sie über Geld zu reden, über meinen Preis und die Prozente einer Rückerstattung. Fünfzig Prozent bietet er ihr anscheinend an, aber ihr reicht das nicht, sie diskutieren hin und her. Ich bin überrascht über die Unbeirrbarkeit der Neuen. Habe ich sie unterschätzt?

Ich bange noch zwei ganze Tage lang. Mitten im Telefonat hat sie die Wohnung verlassen, ich konnte den Ausgang nicht hören, konnte die Freude, die mein Meister über meine Heimkehr geäußert haben muss, nicht miterleben. Als schließlich der Glatzkopf wieder vor mir steht, diesmal mit Schraubenschlüssel und Arbeitshandschuhen und ohne Kaugummi, weiß ich nicht, was sie mit mir vorhaben.

Die Erlösung, oh, die Erlösung, als er beim Abschrauben meiner Halterung seinen Kopf in den fleischigen Nacken legt und in den Flur hineinruft: »La Gomera, ja? Würd ick och gerne hin, jetze.«

Meine Insel, ich komme!

Die Reise ist lang, aber ich genieße jeden Moment. Die Neue sah erleichtert aus, als ich die Wohnung verließ. Sie haben mich in weiche Stoffe eingeschlagen und verschnürt und verpackt und in eine Kiste gesetzt, aber ich kann natürlich trotzdem alles sehen. Die Landung im Flugzeugbauch ist wacklig, aber das Licht am Flughafen von Teneriffa ist schon fast so warm und satt wie daheim. Auf dem Transport zum Hafen spüre ich die Ruhe und Kargheit der Berge. An den Stränden sitzen Menschen mit krebsroten Schultern und schwammig getrunkenen Gesichtern, von den Restaurantterrassen scheppert stumpfsinnige Musik. Ich beginne zu verstehen, was Teneriffa ist: ein Sieb, in dem diejenigen hängen bleiben, die meine wunderbare Insel gar nicht verdient haben.

Die Fahrt auf der Fähre ist lustig. Das Meer freut sich über meine Wiederkehr, ich schaukle auf und ab. Um mich herum stürzt den Touristen ihr halb verdautes Essen aus den Gesichtern. Sie ächzen und würgen und fluchen, während die Einheimischen höflich in die andere Richtung blicken.

Es ist schon dunkel, als ich am Hafen eintreffe. Viele

Menschen stehen unten am Pier, trotzdem erspähe ich ihn sofort. Mein Meister ist hier! Er ist gekommen, um mich zu holen! Hätte ich ein Herz: Es würde schneller schlagen.

Ich bin mir nicht sicher, warum er so stöhnt, als er mich auf die Ladefläche seines Wagens wuchtet. So schwer bin ich nun auch wieder nicht. Wahrscheinlich ist das die Wiedersehensfreude.

Als wir losfahren, fühle ich mich so friedlich. Natürlich kann ich nichts riechen, trotz meiner drei Nasen, aber ich spüre den Salzgehalt in der Luft. Der Fahrtwind streichelt über mich hinweg, als wir uns über die Serpentinen hinauf in die Berge arbeiten. Oben in den Wäldern begrüßen uns die Nebelschwaden, die von den Nadelbäumen gemolken werden. Und nur ein Stückchen höher blinken die vielen, vielen Sterne.

Ich seufze auf, ganz leise. Auch wenn mich sowieso nie jemand hört.

Der Morgen ist ein Zauber. Das Meer rauscht leise, der Himmel fängt an zu glühen – und das Licht! Oh, das Licht! Ich räkle mich ihm entgegen, endlich komme ich wieder zur Geltung! Mein Meister hat mich nachts noch in sein Atelier getragen. Zwar hänge ich nicht an meinem üblichen Platz, sondern lehne mit dem Rücken an der Wand, aber das ist mir egal. Die Wand stützt und empfängt mich freundlich. Ich bin wieder daheim.

Ich kann spüren, wie das blaue Haus mich willkommen heißt. Es ordnet mich in sich ein, nimmt mich auf. Das

Atelier ist begeistert, mich wieder in sich zu haben. Die Möbel und Pinsel und Farbtuben richten sich nach mir aus, von der Küche brummt der Kühlschrank ein Hallo herüber, und durch die Fenster winken mir ein paar erfreute Palmwedel. Draußen auf den Steintreppen höre ich das Getrappel der Wanderfüße, der Wind streichelt unsere Hausmauer, und aus dem Tal schmettern die Hähne zu mir herauf. Alle sind glücklich über meine Wiederkehr.

Nur mein Meister sieht irgendwie unzufrieden aus.

Er steht vor mir, die Fäuste in die Hüften gestemmt. Seine ohnehin schon leicht zerknitterte Stirn hat er in Furchen gelegt. Seine Augen sind zusammengekniffen, aus seinem Mundwinkel stakt eine knisternde Zigarette. Er schweigt. Warum lobt er mich nicht?

Als er endlich zu sprechen beginnt, kann ich es gar nicht glauben. Kein Jubel über mein Hiersein, kein Applaus, keine Freudentränen – nicht einmal Danke sagt er! Stattdessen brummt er etwas in sich hinein, das wie ein Vorwurf klingt. Ich muss alle meine sechs Ohren spitzen, um ihn überhaupt zu verstehen.

»Zu wuchtig«, knurrt er. »Zu wuchtig bist du. Du hast sie erschlagen!«

Ich bin empört. Das ist so ungerecht! Genau das habe ich doch eben nicht getan! Dabei wäre es ein Leichtes gewesen. Ich starre ihn an, ich forme meinen Widerspruch, meine Verteidigung, aber er scheint mich gar nicht wahrzunehmen. Stattdessen dreht er sich von mir weg und beginnt in dem Metallkasten herumzuwühlen, der neben der Stereoanlage steht. Werkzeuge poltern in dem Kasten herum, bis mein Meister plötzlich einen riesigen Schraubenzieher hervorzerrt.

Was soll das? Was hat er vor?

Am liebsten würde ich zurückweichen, als er jetzt auf mich zukommt, aber ich kann nicht, ich kann ja nicht! Die Wand hinter mir fühlt sich auf einmal nicht mehr freundlich an, sondern wie eine Falle. Ganz kalt sind die Augen meines Meisters, als er jetzt den Arm hebt, den Schraubenzieher in der geballten Faust. Der Horror dieses Anblicks fährt mir durch jede Faser meines Kartons. Schon will ich die Augen schließen, auch wenn ich das gar nicht kann, aber er, nein, was ist das, er sticht nicht zu. Stattdessen spüre ich, wie er an mir zu rütteln beginnt, rücksichtslos und brutal, als wäre ich irgendein fremdes Ding. Er schüttelt und rüttelt, bis mir ganz schwindlig wird, und plötzlich begreife ich, was er da tut: Er raubt mir meinen Rahmen!

Das kann doch nicht sein. Ich verstehe das alles nicht. Was ist nur in ihn gefahren? Was ist mit ihm geschehen, während ich weg war? Er beugt sich über mich, und plötzlich sehe ich die fremden Farbspritzer auf seinem Arbeitshemd, die mir vorher gar nicht aufgefallen sind. Von wem sind die?! Ich weite mich, weite mein Bewusstsein über ihn und mich hinaus, hinein in den Raum – und erst jetzt bemerke ich die Fremden, die dort hängen und uns hämisch beobachten. Hässlich sind sie, allesamt! Nein, das stimmt nicht, das stimmt natürlich nicht, sie sind ja *er*, sind seine Schöpfungen, sind meine und seine DNA. Meine Brüder und Schwestern sind das, aber ich ertrage es nicht, wie sie mich da von ihren hohen Wandplätzen aus anglotzen, so selbstzufrieden und eitel.

Soll er doch ihnen ihre Rahmen wegnehmen, die haben das verdient!

Oh, die Demütigung, als er mich unter ihren Blicken entmantelt.

Oh, die Schmach.

Es wundert mich nicht, dass schon wenige Tage später ein neuer Käufer vor mir steht. Ein weißhaariger Herr ist das, der von seinem Rauhaardackel durch die Gegend gezogen wird. Er wirkt ganz sympathisch, in hellblauem Anzug, mit offen stehendem weißem Hemd, ich mag auch seinen Sonnenhut, aber ich lasse mich diesmal nicht täuschen, ich weiß jetzt, was hier gespielt wird. Ich ergebe mich nicht in mein Schicksal, ich nicht!

Die Schwachstelle habe ich schnell gefunden. Und ich handle sofort. Die Reise ist nicht weit, zu einer Nachbarinsel geht es, Lanzarote. Die schwarzen Steinfelder könnten mir eigentlich gefallen, ich liebe Strukturen, aber ich verschwende diesmal keine Zeit. Der Hund ist es, der mein Rückfahrtschein werden wird. Der kleine Kerl ist so leicht zu verschrecken. Winselnd und wimmernd stemmt er sich gegen die Leine und ist, nachdem ich das Wohnzimmer übernommen habe und mich mit ihm beschäftige, bald nicht mehr bereit, es zu betreten. Nur wenige Tage brauche ich: einen jaulenden, das Futter verweigernden Hund, ein immer besorgteres Herrchen – und schon sitze ich auf einem Boot zurück.

Meister, so leicht wirst du mich nicht los.

Es ist später Vormittag, als mich ein schwitzender Mann erneut vor dem blauen Haus abstellt. Die Gefährtin meines Meisters öffnet die Tür. Sie trägt ein im Wind flatterndes Kleid und ist barfuß. Um ihren Kopf hat sie einen bunten Turban geschlungen. Vielleicht ist es gut, dass sie da ist. Sie wirkt so besänftigend. Und tatsächlich! Sie schmunzelt, als sie mich sieht. »Ich kann schon verstehen«, sagt sie zum grimmig dreinblickenden Meister und drückt seine Hand, »dass jemand gerne bei dir bleibt.«

Was die beiden danach reden, verstehe ich nicht so richtig. Sie sitzen oben auf dem Dachbalkon, nur manchmal wehen ein paar Wortfetzen zu mir herab. Um Rückgaberechte geht es wohl, um Galeristen und Gepflogenheiten. Ich habe das nie so richtig verstanden: wie Menschen etwas mit Wert belegen. Aber während ich mir das Gespräch von oben zusammensetze, beginne ich etwas zu begreifen. Mein Meister hat mich nicht zum Selbstzweck erschaffen – ich muss ihn auch ernähren.

Ich bin ganz perplex.

Warum hat mir das nie jemand erklärt? Man muss mir sowas doch nur sagen. Ich kann ihm helfen! Langsam verstehe ich auch, warum er nicht ganz so begeistert über meine Wiederkehr war. Ich begann, ein Verlust für ihn zu werden.

Das ist natürlich das Letzte, was man sein will.

Die Gefährtin aber sieht das alles nicht so schwarz. Gerade rechnet sie dem Meister vor, dass ich ihm trotzdem Geld eingebracht habe. Der Mann mit Hut hat sich statt meiner ein anderes, weniger wertvolles Bild mitgenommen, eins von den neuen. Und der Tänzerin in Deutschland hat er nur die Hälfte meines Kaufpreises zurückerstatten müssen.

Das klingt gut. Ich sehe da Möglichkeiten. Wenn er mich dreimal im Jahr verkauft und ich einfach immer zu ihm zurückkehre – dann ist uns doch beiden geholfen! Ein bisschen riskant ist das zwar, aber für meinen Meister würde ich alles tun. Und noch einen Vorteil hat das Ganze: Wenn ich ihn ernähre, hört er vielleicht auf, neue Gemälde zu erschaffen. Ich habe schon genug Schwestern und Brüder.

Meister, mein Meister. Ich kümmere mich um dich.

In dieser Nacht höre ich die Treppenstufen knarzen. Er schaltet das Licht nicht an, als er durch das Atelier läuft. Er stellt sich mit dem Rücken zu mir an die Balkonbrüstung und atmet hinaus in die Nacht.

Seine Silhouette im Mondlicht sieht müde aus. Zum ersten Mal frage ich mich, wie alt er eigentlich ist. Wie lange leben Menschen? Kürzer als wir, glaube ich. Ich weiß von Kollegen, die mehrere Hundert Jahre alt sind.

Ich nehme all meine Kraft zusammen, ich will, dass er das versteht: Ich werde für ihn sorgen, damit er mindestens so alt wird wie sie. Ich konzentriere mich ganz fest. Ich weiß, dass er mich spüren kann.

Er seufzt. Einen Augenblick wirkt es, als würde er lauschen, mit gesenktem Kopf. Als er sich jetzt zu mir dreht, sind seine Augen ein wenig feucht. Er tritt an mich heran. Wir betrachten einander, er und ich. Dann streckt er seine Hand aus und streichelt über meine Oberfläche. »Du verrücktes Huhn«, flüstert er.

Ich könnte glücklicher nicht sein.

Als am nächsten Morgen eine interessierte Dame bei uns im blauen Haus erscheint, weiß ich, was ich zu tun habe. »Wie heißt denn dieses Werk?«, fragt sie und tritt so nah an mich heran, dass ihre Nasenspitze fast auf meiner Farbschicht aufliegt. Ich lasse es geschehen.

Mein Meister zwinkert mir zu. Das Wort, das er nun ausspricht, besiegelt unseren Pakt. Wir sind aneinander gebunden, er und ich. Ich liebe meinen neuen Namen, ich liebe diese Umtaufe. Und nur ich höre das Schmunzeln in seiner Stimme, als er sagt:

»Bumerang.«

Wem du traust

Sein Taktstock erstarrt. Gerade ist Messner noch dabei, einen Kreis mit der Spitze seines Dirigierstabes zu beschreiben, in einer dieser weit ausholenden Bewegungen, für die er berühmt ist – *Maestro Messner: der tanzende Dirigent* –, aber plötzlich friert er mitten in der Schlagfigur seiner rechten Hand einfach ein. Er weiß selbst, wie das aussieht. Wie eine dämliche Skulptur steht er auf einmal da, seinen Körper dem Orchester entgegengespannt, die Augen ungläubig aufgerissen, eine Verkörperung des Schrecks.

Hat er sogar geschrien?

Die Musiker starren ihn an. Er muss sich bewegen, das weiß Messner. Rasch senkt er den Taktstock. Er verbirgt die zitternden Hände hinter seinem Rücken und fixiert den Paukenspieler, der am äußeren Rand des Orchesters steht. Ganz unschuldig guckt der ihn an, als könne er gar nicht verstehen, was er falsch gemacht haben soll. Es ist ja auch nicht zu verstehen. Vier simple Schläge hätten es sein müssen, in gleichmäßig ansteigendem Crescendo, so steht es in Schuberts Partitur. Aber das, was Messner da aus dem Inneren des Trommelkessels vernommen hat, das war nicht der satte Klang der Pauke. Es war etwas anderes, etwas ganz anderes.

Und es kann nicht sein.

»Noch einmal«, befiehlt Messner und versucht, das Beben in seiner Stimme zu unterdrücken. Er wird sich nichts anmerken lassen.»Takt 145. Achtung.« Ein Rascheln von Notenblättern setzt ein. Messner kann hören, wie die Verwunderung sich durch die einzelnen Instrumentengruppen wispert. Von den Geigen über die Bratschen, hin zu den Celli, den Kontrabässen und den Bläsern: Niemand kann verstehen, warum er Schuberts Symphonie an dieser Stelle abgebrochen hat. Messner klopft mit dem Taktstock scharf gegen das Dirigentenpult, und es wird sofort ruhig.

Als die Musik jetzt einsetzt, ist alles wieder normal. Dunkel fließen die Klänge aus den Instrumenten und steigen hinauf zu den leeren Zuschauertribünen, die sich hier um das komplette Orchesterpodium staffeln. Messner liebt die Architektur der Berliner Philharmonie. Die Musik glänzt in diesem Saal, sie strömt über die Akustikpaneele und schwingt sich hoch unter die weite, zeltartige Kuppel. Aber er darf sich jetzt nicht mitreißen lassen, er muss wachsam bleiben, muss dieser Ungeheuerlichkeit auf den Grund gehen. Seine Hände wirbeln auf und ab, rechts der Takt, links greift er mit der freien Hand durch die Luft, immer fordernder. Die Komposition bäumt sich auf. Messner lauert, er starrt den Paukenspieler an, er lässt ihn nicht aus den Augen, und schon ist es so weit, schon sieht er, wie der den Schlägel hebt und ihn abwärtssausen lässt: Jetzt!

»*Sie. Ist. Gefahr*«, dröhnt die Pauke.

Diesmal ist Messner vorbereitet. Er reißt den Arm in die Höhe, mit einer zackigen Bewegung, die er nur zum Abbruch benutzt. Und alle Streicher halten sofort inne, die Geigen, Bratschen, Celli, Kontrabässe stoppen auf das Kommando. Er spürt den fragenden Blick der blonden Konzertmeisterin am ersten Pult, hört ein genervtes Aufstöhnen bei den Bläsern, die wieder nicht zu ihrem Einsatz kamen. Zurechtweisen müsste er sie, aber dafür hat er jetzt keine Zeit. Denn das hier, das ist eine Unverschämtheit.

»Finden Sie das witzig?«, zischt Messner in Richtung des Paukenspielers. Der ist jung, *zu jung,* denkt Messner, frisch vom Konservatorium, eigentlich hat er in einem Orchester wie diesem noch nichts verloren. »Aber, Maestro«, stottert der Junge. »Ich weiß wirklich nicht, was ich …« Er sieht ganz verschreckt aus.

»Nicht so schüchtern«, blafft Messner. »Führen Sie Ihr Kunststückchen noch einmal für alle hier vor. Solo.« Der Junge nickt stumm. Dann hebt er seinen Schwammschlägel und lässt ihn viermal auf der Membran seiner Basspauke aufprallen, mit ansteigender Kraft.

Es ist das Gleiche wie vorher. Die auf A eingeschwungene Pauke gibt keine Musik von sich. Aus ihrem Inneren kommen Worte. In einer vollen und tiefen Stimme, die viel Resonanzkörper hat und sich nahtlos einfügt in Schuberts a-Moll Andante. »*Sie. IST. GE-FAHR!*« Und auf ein

Wiederholungszeichen von Messner hin noch einmal: »*Sie. IST. GE-FAHR!*«

Messner schnaubt. Die Wut zündelt in seinem ganzen Körper. »Was bilden Sie sich ein!«, brüllt er. »Wir sind hier nicht im Zirkus!« Er kann spüren, dass an seiner Schläfe eine Ader zu pulsieren begonnen hat. »Erklären Sie sich!«

Der Schlägel rutscht dem Jungen aus den zitternden Fingern und schlägt klackernd auf dem Parkettboden auf. Messner gibt einen höhnischen Laut von sich. »Maxim«, flüstert da links von ihm die Konzertmeisterin. »Das war doch nur eine normale …« Messner fährt herum, mit einer Wucht, deren Zugwind am Pult der Bratsche ein paar Notenblätter zu Boden segeln lässt. »Das nennen Sie normal?«

Sie zuckt zurück. Ihre blauen Augen wirken durch die dicken Brillengläser noch größer, als sie es ohnehin schon sind. Sie sieht zugleich erschrocken und verdutzt aus. »Ja?« Ihre Stimme ist so sanft, so fragend, dass auch Messner die Stimme dämpft, als er sich jetzt zu ihr beugt und fragt: »Was hören Sie da?«

Sie runzelt ihre Stirn. »Ein Crescendo aus Paukenschlägen?« Ihre Verwirrung ist aufrichtig und pur. Ihre Wimpern haben zu flattern begonnen, so verdattert ist sie über seine Frage. Messner atmet scharf ein. Dann greift er sich sein Handtuch von der Dirigentenreling und presst sein Gesicht in den Frotteestoff, mit geschlossenen Augen.

Kann es sein, dass er sich geirrt hat? Dass sein Hirn die Worte erfunden hat? Er hat ein außerordentlich empfindsames Gehör, das weiß er. Fledermäuse hat er einmal kommunizieren hören, auf einer Tonhöhe, die für das menschliche Ohr gar nicht wahrnehmbar sein dürfte. Hundepfeifen sind für ihn eine Qual. Als er vor Jahren ein Konzert mit Olga Szwajgier dirigierte, einer Extremsopranistin, die die Königin der Nacht eine Oktave höher singen konnte, als von Mozart notiert, waren sie und er die Einzigen im Saal, die ihre Töne noch vernahmen. Den anderen Zuhörern flatterten nur die Trommelfelle. Manchmal, wenn die akustischen Reize sich zu sehr in seinem Inneren auftürmen, streckt die Migräne ihn nieder. Er kann sich dann unter dem Kopfschmerz nicht mehr bewegen und liegt in abgedunkelten, schalltoten Räumen, bis sich sein Körper wieder beruhigt. Hin und wieder schlafwandelt er. In Paris ist er als junger Dirigent einmal mitten auf der Straße erwacht, im Pyjama und auf Socken. Mahler hatte er damals zum ersten Mal dirigiert, die *Kindertotenlieder*, er war unter der Erwartung fast zerbrochen. Vielleicht ist das hier eine neue Ausdrucksform seiner im Inneren hilflos abfeuernden Synapsen. Vielleicht bildet er sich alles nur ein.

Er hat nicht viel geschlafen, in den letzten Nächten.

»Maestro Messner«, hört er den Jungen sagen. »Bitte erklären Sie mir, was ich anders machen kann. Soll ich einen anderen Schlägel benutzen, Holz oder Filz, gab es eine Anweisung, habe ich da etwas übersehen?« Seine Stimme ist dünn, aber als Messner jetzt das Handtuch vom Gesicht nimmt, sieht er, dass der Junge nicht mehr zittert. Er hat das Kinn vorgereckt und hält sich aufrecht, mit ganzer Kraft.

Messner seufzt und schüttelt den Kopf. Auf einmal ist er unendlich müde. Er wirft einen Blick auf seine Armbanduhr. Fünf Minuten sind es noch bis zum Probenende. Die Bläser schielen schon hoffnungsfroh zu der Tür, die in die Katakomben der Philharmonie führt, hin zu den Garderoben und vor allem: zur Kantine. »Machen wir morgen weiter«, sagt er. »Schluss für heute.«

Der Winterwind fährt ihm durch die Haare, als er am Künstlereingang aus der Tür tritt. Vorne an der Straßenkreuzung gibt es einen Luftwirbel, vertrocknete Blätter trudeln im Kreis und streifen die Türen der vorüberfahrenden Autos. In der Staatsbibliothek auf der anderen Straßenseite glimmen die Leselampen an den aneinandergereihten Arbeitstischen wie übergroße Glühwürmchen.

Sein Fahrer lässt weiter hinten am Parkplatz die Lichthupe aufblinken, aber Messner winkt ab. Er tastet in der Tasche seines Kaschmirmantels nach der FFP2-Maske und schlägt dann den Weg zur S-Bahn ein.

Er hat darauf bestanden, im Osten der Stadt untergebracht zu werden, direkt Unter den Linden. An der Friedrichstraße müsste er aussteigen, aber er fährt weiter bis zum Alexanderplatz und läuft dann mit hochgeschlagenem Mantelkragen zurück. Der Wind tut ihm gut, er kühlt seine Stirn. Am Dom sitzen schwarze Krähen in den Baumskeletten, der Springbrunnen im Lustgarten führt längst kein Wasser mehr. Neben der Staatsoper haben sie einen Weihnachtsmarkt aufgebaut, den ersten seit zwei

Jahren. Es riecht nach Glühwein, überall stehen lachende Menschen und klammern sich an ihre rostroten Henkeltassen. Niemand dort trägt eine Maske, alle stehen dicht gedrängt und atmen einander in die rotgetrunkenen Gesichter, dabei sind die Inzidenzzahlen wieder so hoch wie im Frühjahr. Messner vergräbt die Hände tief in seinen Manteltaschen.

Er muss sich verhört haben. Egal wie er es dreht und wendet: Es gibt keine andere Erklärung. Vielleicht ist das Ganze eine Schutzfunktion seines Unterbewusstseins. Sein Ich hat noch nicht begriffen, dass es den Alarmmodus nun verlassen darf. Denn das hier ist eines der ersten Konzerte, die in voller Besetzung stattfinden dürfen, endlich wieder. Die Zeit davor kommt ihm wie ein schlechter Traum vor: die weltweiten Absagen, die Orientierungslosigkeit, mit der er plötzlich in seiner Pariser Wohnung herumsaß, die auf seine Anwesenheit doch gar nicht eingerichtet war. Er selbst das Nutzloseste, was es überhaupt gab: ein Dirigent ohne Orchester. Dann die dämlichen, klangtoten Zoom-Veranstaltungen, das kurze Aufatmen bei den Freiluftkonzerten im Sommer. Schließlich die Rückkehr in die Konzertsäle, mit ihren bizarrer werdenden Schutzmaßnahmen. Ständig änderten sich die Regeln. Drei Meter Abstand zwischen Sängern. Zwölf Meter Abstand von Blasinstrumenten in Blasrichtung. Kein Orchester passte mehr in einen Orchestergraben. Ein ganzes Fußballstadion hätte er mit den Besetzungen füllen können, die er normalerweise dirigierte. Dann die Impfnachweise, die ständigen Pool-Tests.

Das Gehampel in den Zuschauerräumen. Das Einhalten der Abstände, das Vorzeigen der App, die Ansagen, dass die Masken über Mund und Nase zu ziehen seien. Niemanden außer ihn schien es zu stören, wie diese zusätzliche Wand aus Vlies die Akustik in den Konzertsälen veränderte.

Und jetzt ist plötzlich alles wie immer. Vielleicht hat sein Unterbewusstsein das noch nicht begriffen. Vielleicht erfindet es deswegen neue Hürden, neue Absurditäten hinzu. Dabei ist doch alles wieder normal.

Oder eben nicht.

Im Hotel haben sie seinen Anzug für das Konzert aufgebügelt und unter einer Schutzfolie an die Schranktür gehängt. Auf dem Tisch stehen Desinfektionsspender. In der Obstschale liegen statt frischer Früchte einzeln abgepackte Kekse und Proteinriegel. Jemand hat ihm Blumen schicken lassen, einen Strauß aus gelben Rosen, Schleierkraut und weißen Lilien. Der Name auf der beigelegten Karte sagt ihm nichts, er lässt sie in den Papierkorb gleiten.

Als er sein müdes Gesicht im goldverzierten Spiegel über dem Waschbecken sieht, zuckt er zurück. Er sollte in den Urlaub fliegen, jetzt, wo das Reisen wieder einfacher wird. Endlich einmal nach Indonesien, hin zu kristallblauem Wasser. Oder nach Andalusien. Ein Bewunderer von ihm besitzt dort eine Villa an der Costa del Sol. Sie soll eine Dachterrasse haben, von der aus man das Meer sehen kann. Wahrscheinlich würde das helfen. Sein Kopf würde wieder klarer werden, die Falten auf seiner Stirn würden verschwinden. Und die Pauke klänge sicher wieder wie eine Pauke.

Zuallererst aber braucht er Schlaf. Er muss morgen leistungsfähig sein: für die Generalprobe am Vormittag, für das Konzert am Abend. Und nachts geht es schon weiter, mit dem letzten Flieger nach New York, zu Händels *Messiah*. Er wird diesmal keine Quarantäne absolvieren müssen, nicht wie in Hongkong, wo sie ihn mit einer elektronischen Fußfessel im Hotelzimmer einsperrten, als der Test plötzlich positiv war. Die Proben mit den Philharmonikern beginnen schon in zwei Tagen. Das ist eine Herausforderung, er dirigiert nur selten Barock.

Vier Schläge, denkt er beim Einschlafen. Vier Schläge, vier Silben. *Sie-ist-Ge-fahr.* Was soll das überhaupt heißen. Das ist nicht einmal ein vollständiger Satz. Sie ist *eine* Gefahr? Für wen? Oder ist es andersherum gemeint, und sie ist *in* Gefahr? Und wer ist sie?

Am nächsten Morgen ist er zu früh im Saal. Eine Putzfrau wischt rückwärts die Parkettstufen hinauf, sie erwidert seinen Gruß nicht. Es riecht nach Zitronenreiniger und Minzbonbons und nach dem leichten Terpentindunst des Kolophoniums, mit dem die Streicher ihre Bögen pflegen. Messner setzt sich auf einen der höher gelegenen Plätze und beobachtet von dort aus das Eintreffen der Musiker. Die Streicher kommen zuerst. Die meisten von ihnen tragen Birkenstocks und Strickpullover. Er wird nie verstehen, wieso Orchestermusiker oft so hausbacken sind. Daran ändern auch die schwarzen Abendroben nichts, die sie später für das Konzert tragen werden. Wenn sie nicht gerade ihre Musikinstrumente halten, kippen sie aus der Balance und wirken unelegant und plump.

Das große Stühlerücken beginnt, die Musiker lassen sich auf ihre Sitze fallen, dann gibt die Oboe ein A an. Der Fagottspieler entdeckt ihn und winkt. Messner erhebt sich. Wenn die Pauke heute wieder spricht, wird er es einfach ignorieren.

Sie befinden sich schon mitten im zweiten Satz, als es passiert. Messner hat gerade den Auftakt für das Andante gegeben. Bis zu diesem Moment war alles normal. Messner liebt diese Schubert-Symphonie, die viel zu selten gespielt wird. Das Allegro ma non troppo lief genauso, wie es sollte. Die Klänge verdichteten sich, fröhlich und beschwingt. Seine Füße machten kleine Schritte auf dem Podium, mal mit eingedrehten Fersen, mal auf den Fußballen. Deswegen ist er so oft mit einem Tänzer verglichen worden, aber er selbst weiß, dass das, was er da tut, etwas ganz anderes ist: Es ist die Fußarbeit eines Boxers. Er kennt das Gerede seiner Kollegen, die behaupten, mit der Musik zu verschmelzen, wenn sie dirigieren, eins zu werden mit dem Orchester. Er sieht sich als Gegner. Die Bühne ist sein Boxring. Wenn er zum Angriff übergeht, müssen sie sich verteidigen. Oder er bringt sich selbst in die Abwehr und zwingt sie so zum Handeln. Seinen Eleven in der Meisterklasse predigt er das immer wieder: Jedes Konzert ist ein Kampf.

In das Andante lässt er sie gerade hineingleiten, ganz

sanft. Es ist ein weicher Einstieg aus der Stille heraus, von C-Dur auf a-Moll. Karajan hat diese Eröffnung ruppig dirigiert, aber Messner sucht einen Klangfluss, den er anschwellen lassen kann. Er gibt den Streichern das Signal zum Piano, Pianissimo, und da plötzlich hört er es.

»Ging Straße lang, Straße lang«, wispern die Geigen. *»War noch hell, doch dunkel dann.«*

Messner atmet scharf ein. Fast hätte er den Taktstock fallen lassen, aber er zwingt sich weiterzudirigieren. Schlagfigur, Schlagfigur, den Takt halten. *»Wartet dort der Todesmann, weil er kann, weil er kann«*, flüstern die Geigen. Messner kann spüren, wie ihm der Schweiß ausbricht. Das kann alles nicht sein. Es kann nicht sein, er sieht es am konzentrierten Ausdruck der Konzertmeisterin am ersten Pult, er liest es von all den ihm zugewandten Gesichtern der Musiker. Es ist völlig klar: Er ist der Einzige, der diese Worte hört.

»Wusste nicht, musste nicht, lief sie doch, leider noch, statt zu singen, Schwingen bringen, wartet fort im hellen Licht, Todesmann, sieht ihn nicht, großer Knall, Dunkelfall, ruft in Terz, Herz oh Schmerz …«

Jetzt bricht Messner doch ab, er stützt sich mit beiden Händen auf die Reling und keucht. Etwas knackt, und er begreift, dass das sein Kiefer ist, mit dem er die Zähne aufeinanderpresst, so fest er kann.

»Fühlen Sie sich nicht wohl, Maxim?«, hört er die Konzertmeisterin fragen, sie steht plötzlich bei ihm, ihre Hand liegt auf seiner Schulter auf. »Wenn Sie heute nicht dirigieren können, müssten wir jetzt …« »Das kommt gar nicht infrage«, unterbricht er sie und richtet sich auf. »Mir geht es gut.«

Der Applaus brandet auf, als sie ihn sehen. Die Philharmonie ist ausverkauft, wie immer, wenn er in Deutschland dirigiert. Zweitausendzweihundertfünfzig Zuschauer, deren gierige Blicke seinen Weg zum Podium verfolgen. Viertausendfünfhundert Hände, die ihm zuklatschen, begeistert, dabei hat er doch noch gar nichts getan. Er verbeugt sich knapp in alle Himmelsrichtungen, dann wirft er sich in Positur, die Arme erhoben, und es wird still.

Normalerweise mag er, dass er hier vom Publikum umgeben ist. Auch wenn er anfangs erst lernen musste, die Zuschauer in Block H auszublenden, die ihm direkt ins Gesicht blicken: Das ist seine Fankurve. Wer in diesem Block einen Sitz bucht, der will ihn von vorne sehen. Heute wäre er froh, wenn sie nicht dort säßen. Sie starren auf ihn herab, manche spähen durch ihre Operngläser, holen ihn näher zu sich. Er atmet ein und gibt den Auftakt.

Als er die ersten Worte hört, ist er darauf vorbereitet. Die Bläser sind es diesmal, an einer der lebhaftesten Stellen. »*Froh sie war*«, schmettern sie in den Saal hinein, »*rote Frau, stolz gebaut, die sich traut!*« Messner hört es, aber er hat sich im Griff. Nur ein kurzes Zucken fährt durch seinen Körper, wie ein Stromschlag, aber er hält den Takt. Er wird weiterdirigieren, er kennt diese Partitur in- und auswendig, er kann sie im Schlaf aufführen, er wird sich nicht abbringen lassen, nicht hier, nicht mitten in so einem Konzert. Je ruhiger er bleibt, desto weniger wird geschehen, da ist sich Messner sicher.

Und tatsächlich: Als er den Bläsern ihren nächsten Einsatz gibt, spielen sie weiter, als sei nichts gewesen. Fröhlich jauchzen sie ihre Triolen – und Messner triumphiert. Seine Füße beginnen zu tänzeln, einen Charlestonschritt deuten sie an, vorwärts rückwärts, während seine Arme weit schwingen, hoch hinaus, über das Glisando der Bratschen hinweg, die seinen Anweisungen so aufmerksam folgen, die sich hineinbiegen in das Wiegen seines Armes. Aber schon brausen die Celli auf, sie beginnen von Dunkelheit zu rumoren, in Worten, *hell die Stadt, doch Schwarz auf Schlag, finsterginster, Schlag, dann Sarg.* Fast muss Messner lachen, schlecht gedichtet ist das, er lässt sich von sowas nicht kleinkriegen, nein.

Frau nicht sang, ging Straße lang, grad noch lacht in Glitzernacht, hell die Stadt, bodenglatt ... Die Hörner sind das jetzt, die ihm diese Worte zujubeln, und schon stimmen die anderen Bläser mit ein, die Oboe, das Fagott, in dunklerer Klangfarbe: *Edelstrick für ihr Genick, nein, Messer besser, Todesmann, weil er kann ...* Messner hat nun doch zu schwitzen begonnen, der Schweiß fließt ihm über den Rücken, sein Hemd klebt schon an seiner Haut. Und als er jetzt übergeht ins Andante con moto, schwellen die Worte weiter an, keines der Instrumente scheint mehr einen Klang von sich zu geben, alle rufen sie und schreien Satzfetzen auf ihn ein. *Messerstecher, Blaubart, Rächer,* stampfen die Kontrabässe, *Mann mit Maske, Mann mit Hut, tut nicht gut, Tod und Blut,* rufen die Geigen. Messners Kiefer knackt wieder, er kann es in dem Getöse nur spüren, *goldne Kehle, Blut der Seele,* fiept die Klarinette, *hat nicht wollen sollen rollen,* aber Messner hält durch, er schwingt den Taktstock mit aller Kraft, er bäumt sich auf gegen die Wortflut. Und sie bleiben ja auch auf den Tonhöhen der Komposition, das ist es, was Messner sich zu sagen versucht, während sein Arm auf und ab fliegt: Ein Chor ist sein Orchester eben geworden, ein schriller Todeschor, den Messner jetzt durch den dritten Satz hindurchpeitscht, durch das Scherzo bis hin zum Trio, schneller und schneller, er will nur noch, dass es aufhört, *fließt ihr Blut in Rotgewand, erschlafft auch schon die schmale Hand,* donnert die Posaune, wirrer und wirrer werden die Worte, *Leichenschnee, ach, Todessee,* Messner keucht, im Block H sind ein paar Zuschauer aufgesprungen, und endlich, endlich setzen sie auf Messners Zeichen hin zum Finale an, stürzen sie auf den Schlussakkord zu: *Oh, rot der Tod.*

Der Saal tobt, niemand sitzt mehr auf seinem Platz, alle sind sie aufgesprungen, sie jubeln ihm zu mit in die Höhe gereckten, klatschenden Händen. Messner krallt sich an sein Pult, er wischt sich den Schweiß aus den Augen, zwingt sich zur Verbeugung und lässt das Aufbrausen des Applauses über sich zusammenbrechen. Ein kleines Mädchen mit einem Blumenstrauß steht plötzlich vor ihm, Messner richtet sich auf und starrt sie an, er weiß erst gar nicht, was sie will, aber dann greift er nach den Blumen, automatisch, er streicht dem Mädchen über das schwarze, glatte Haar und lässt das Orchester sich erheben, er deutet auf die erschöpften und schwitzenden Musiker, die kaum die Blicke von ihm nehmen können. Die Konzertmeisterin winkt er neben sich, sie drückt ihm die kaltfeuchte Hand, in ihren glasigen Augen schwimmen die Tränen. Und Messner presst ihr den Blumenstrauß auf den Brustkorb, er reißt die Hand zum Abschiedsgruß in die Höhe und stürmt durch den Saal, auf die Türen zu, die die Platzanweiser für ihn aufreißen, weg hier, er muss endlich weg hier. »Was für eine Leistung«, ruft der Bundespräsident, der mit seinen Sicherheitsleuten in den Katakomben auf ihn wartet. »Bravissimo, Maestro!« Aber Messner bleibt nicht stehen, er eilt weiter zu seiner Garderobe, greift blind nach seiner Tasche, seinem Schal, wirft seinen Mantel über den Arm. Sein Fahrer steht schon mit dem Mercedes am Bühneneingang bereit, aus dem Auspuff quellen Abgaswolken. Er lässt sich auf die lederne Rückbank fallen. »Fahren Sie«, ruft er. »Nun fahren Sie schon!« Jemand klopft mit der flachen Hand gegen die Rückscheibe, am Fenster erscheinen Hände, die mit dem Programmheft wedeln und ihm einen Stift hinhalten, aber sein Fahrer gibt Gas, ein guter Mann ist das, und die golden aufstrahlenden Gebäude der Philharmonie werden im Rückspiegel kleiner, während sein Wagen fährt und fährt, vorbei an den steil in den Nachthimmel aufragenden Hochhäusern des Potsdamer Platzes, deren Panoramadächer im Nebel versinken, als würden sie in der Tiefe des Himmels für immer gelöscht.

Erst als das Flugzeug seine Flughöhe erreicht hat, zückt Messner die Dose mit den Beruhigungstabletten. Lorazepam, ein Angstlöser, ursprünglich einmal gegen seine Flugangst verschrieben. Er hat die Dose beim Fliegen dabei und öffnet sie nie, er will seinen klaren Geist nicht dämpfen. Aber heute, heute hat er keine andere Wahl. Er lässt sich von der Stewardess ein Glas Rotwein bringen und schluckt gleich zwei der weißen kleinen Pillen.

Als er erwacht, sind sie schon im Sinkflug. New York liegt unter ihnen im Schnee, die gefrosteten Scheiben der Wolkenkratzer glimmen im Licht der aufgehenden Sonne, Messner fühlt sich, als wäre sein Kopf voller Watte. Auf der Fahrt zum Hotel kann er kaum die Augen offen halten. In seiner Suite greift er sich das Briefpapier aus der Ledermappe. *Frau in Rot, Goldkehle,* notiert er sich. *Nicht sang, ging Straße lang.* Seine Schrift sieht verwackelt aus, *die sich traut.* Sein Herz stolpert, Systolen, er hätte diese Tabletten nicht nehmen sollen, er kann gar nicht mehr klar denken. *Hell die Stadt,* kritzelt er, *doch Schwarz auf Schlag.* Er schleppt sich zum Bett und kriecht unter die Tagesdecke. Das Kissen duftet nach Lavendel. *Schwarz auf Schlag,* hämmert sein Puls, *Schwarz auf Schlag auf Schlag.*

Als er wieder erwacht, hat sein Herz sich beruhigt. Das Hotel liegt an der Wasserfront von Brooklyn, draußen vor dem Fenster leuchtet die Skyline von Manhattan durch den feuchten Nachtdunst. Im Nachbarzimmer weint ein Baby, irgendwo läuft ein Fernseher. Sein Mund ist trocken. Messner tappt in Socken über den dicken Teppich, greift sich eine Mineralwasserflasche aus der Minibar und trinkt sie in einem Zug leer. Auf seinem Handy scheint eine Nachricht auf. Dass sie sich auf das Ehrendinner freue, schreibt die Leiterin des Fördervereins, er habe es hoffentlich nicht vergessen. Messner seufzt.

Das Hirschgulasch, das sie servieren, ist ausgezeichnet. Messner beantwortet Fragen, er nickt und kaut und lächelt in alle Richtungen. Zwischen eine Philosophin und einen Forscher für Künstliche Intelligenz haben sie ihn gesetzt, das schwarze Abendkleid der Philosophin ist hoch geschlitzt, ihr Oberschenkel fest. Zigarren und Likör werden im Kaminzimmer serviert. Außer Messner rauchen alle, die Hausherrin selbst schmaucht eine Pfeife. Messner stellt sich an die verglaste Balkonfront und blickt hinunter auf die verschneiten Baumwipfel des Central Parks. An Paul Abraham muss er denken, den Komponisten, der nach Kriegsende durch die winterlichen Straßen New Yorks irrte und auf einer Kreuzung der Madison Avenue begann, den vorüberströmenden Verkehr zu dirigieren.

Vielleicht ist es so. Vielleicht, denkt Messner, muss man verrückt werden in diesem Beruf.

»Penny for your thoughts?«, die Philosophin stellt sich neben ihn. Ihr Gesicht ist herzförmig, ihre Lippen sind prall, dabei ist sie sicher schon Ende vierzig. Sie duftet nach einem Parfüm, das er gut kennt, aber niemandem mehr zuordnen kann. Es fühlt sich vertraut an. Er richtet seinen Blick wieder nach draußen. Die Menschen sehen von hier oben so klein aus.

Was sie tun würde, wenn sie auf sehr merkwürdigem Weg eine Warnung erhielte, hört er sich fragen. Die Philosophin nippt an ihrem Espresso-Tässchen. Dass das wohl auf die Quelle ankäme, sagt sie. Was er denn meine mit diesem Weg? Messner zwingt sich, leichtherzig zu klingen. Sie solle einfach die größtmögliche Unsinnigkeit annehmen, die ihr einfalle: Stimmen im Kopf, einer flog über das Kuckucksnest, Nachrichten aus dem Jenseits, Kornkreise im Getreidefeld. In jedem Fall eine Quelle, lacht Messner, die man nicht nennen könne, ohne sofort in die Irrenanstalt eingewiesen zu werden.

Die Philosophin nickt. Sie lacht nicht mit, ihr Blick wirkt nachdenklich. Wenn die Gefährdung niemanden Konkreten betreffe, dann dürfe man sie verschweigen, antwortet sie. Man habe auch eine Verantwortung für das eigene Wohl. Ein Verlust von Glaubwürdigkeit würde dieses Wohl gefährden.

Schon gesellt sich der Senator dazu. Was das für ein interessantes Gedankenspiel sei, erklärt er und schiebt sich dabei näher an die Philosophin heran, man habe aber doch sicher eine moralische Pflicht, der Sache auf den Grund zu gehen. Dass er sicher nicht riskieren würde, für verrückt gehalten zu werden, lacht da die Gastgeberin vom Ledersofa aus. Ihre Ohrringe klirren, als sie den Kopf in den Nacken wirft. Der Senator beharrt, dass er da widersprechen müsse. Diese Unannehmlichkeit müsse man ertragen – als Politiker könne er davon ein Lied singen. Um was für eine Warnung es sich denn handle.

Messner schweigt. Alle sehen ihn jetzt an, auch der Forscher für Künstliche Intelligenz hat sich von dem Ölgemälde gelöst, das er da über dem Kamin so intensiv betrachtet hat, er schwenkt den Brandy in seinem Glas.

Und Messner ist jetzt alles egal, vielleicht wegen der Mischung aus Angstlöser und Wein und Tabakrauch. Eine Verrätselung sei das, ruft er, eine rote Frau, die offensichtlich in ihr Unglück laufe, eine Goldkehle auf einer hellen Straße, die plötzlich dunkel werde.

Dass das zu einfach sei, Frau in Rot, das müsse ganz offensichtlich die Hollister sein, wendet da die Gastgeberin vom Sofa aus ein, man habe sie ja für die Carmen verpflichtet, auch wenn sie dafür streng genommen schon zu alt sei.

Ob sie gehört habe, dass die sich verlobt habe, ruft da die Schauspielerin, die so elegant im Türrahmen lehnt. Mit einem Kollegen auch noch, dabei könne man Leuten aus der Branche – sie zwinkert in die Runde – doch nun wirklich nicht trauen. Alle lachen. Und Messner stutzt. *Eine Frau, die sich traut.*

Plötzlich ist ihm kalt.

Dass so eine schöne Nachricht nach den letzten zwei Jahren ja mal nötig sei, erklärt der Senator. Alle hätten jetzt mal ein bisschen Glück und Liebe und eine Hochzeitsfeier verdient, *a postpandemic paradise.* Aber die Hollister, fügt die Gastgeberin noch an, die Hollister nach der Sache mit ihrem Stalker, die ganz besonders. »We all deserve a break, don't we?«, sagt der Forscher mit krächzender Stimme, und alle nicken.

Als das Taxi im Schneegestöber über die Brooklyn Bridge rauscht, fasst Messner den Entschluss. Zu oft hat er schon mit ihr zusammengearbeitet, mit ihr, die schon *die Hollister* war, als er seinen Weg gerade erst begann. Er hat ihr zu viel zu verdanken. Er muss sie warnen.

Nur wovor er sie warnen soll, ist ihm nicht klar. Vor einem *großen Knall*, einem *Dunkelfall*? Davor, eine helle Straße entlangzugehen? Vor einem Todesmann? Erst als der Taxifahrer, dessen blutunterlaufene Augen ihn aus dem Rückspiegel heraus anstarren, ihn fragt, ob er in Ordnung sei, »*Are you okay, Sir?*«, begreift Messner, dass er gestöhnt haben muss, wieder und wieder und wieder.

Er nickt stumm und lässt die Fensterscheibe heruntergleiten. Eine dicke Schneeflocke legt sich im Fahrtwind auf seine Stirn und schmilzt sofort. Messner schließt kurz die Augen. Dann greift er sich sein Handy aus der Brusttasche. Er sei in der Stadt, schreibt er ihr, ob sie ihn treffen könne, morgen. *It's kind of urgent.*

Rickie Hollister lacht eine helle Tonleiter aufwärts, als sie ihn am nächsten Morgen anruft. Wie sehr sie sich freue, seine Stimme zu hören, ruft sie. Sie hätte schon gelesen, dass er in die Stadt komme, für Händel, *Messiah*, so religiös und pompös, das sei doch gar nicht seine Art. Ihr Deutsch ist ein wenig zu blumig, sie hat es von den deutschen Opernlibretti gelernt, aus all den Partien, die sie schon gesungen hat, Schubert, Mozart, Beethoven. »Was ist es, das dein Herz beschwert?«, fragt sie.

Messner reibt sich die Schläfen. Schon beim Aufwachen hat er bereut, ihr geschrieben zu haben. Es fühlt sich plötzlich so weit weg an: das Konzert in der Philharmonie, das gestrige Essen, seine eigene Angst.

»Hat sich erledigt«, nuschelt er und lässt eine Brausetablette mit Magnesium in das Wasserglas gleiten. Aber die Hollister lässt das nicht gelten. Dass man sich nun wenigstens auf einen Kaffee treffen müsse, sie wolle ihm ohnehin einen Klavierauszug für ein Projekt zeigen, ein junger, aufstrebender Komponist, sie benötige da seine Einschätzung. Und dann könne er ihr erzählen, was ihn da so bedrückt habe. Zwar habe sie heute Nachmittag eigentlich eine Probe. »Aber ich werde die sagen ab«, lacht sie. »Wozu ich bin eine Diva!« Ein Café gegenüber des Prospect Parks schlägt sie vor, *they have great pastry*, und nein, da gebe es nun kein Pardon.

Die Tür des Elk Café klingelt leise, als er sie öffnet. Messner bleibt im Türrahmen stehen. Er versteht nicht, warum sie ihn hierherbestellt hat. Ein Familiencafé ist das offensichtlich, eine Bakterienhöhle, lauter verrotzte Kleinkinder kollern zwischen den runden Tischen herum. An einem Tisch stillt eine hustende Frau ihr Neugeborenes, ein Mädchen hämmert mit glasigem Blick Plastikbauklötze gegen das Tischbein. Schon vor der Pandemie hätte er solche Läden gemieden – und Rickie doch auch, sie, die wie jede professionelle Sängerin ihre Stimme gegen Viren schützt wie eine Löwin.

»In or out?«, ruft ihm der tätowierte, breitschultrige Mann hinter dem Kaffeetresen zu, und Messner seufzt, zieht seine FFP2-Maske aus der Jacketttasche und tritt ein. Auf einen Barhocker an der schmalen Fensterfront setzt er sich mit seinem *Snow Day Special*: einem Cappuccino und einem Cheddar Chive Biscuit.

Er hat bestellt, ohne nachzudenken, er hat gar nicht vor, die Maske abzusetzen. Die Scheibe ist beschlagen und mit bunten, sich schon ablösenden Papiersternen beklebt. Messner wischt sich mit der Serviette eine Sichtluke frei, das hohe Quietschen schmerzt in seinen Ohren, er bekommt durch die Maske kaum Luft.

Sie ist zu spät. Draußen wird es bereits dunkel. Eine alte Uhr thront auf einer Kommode, Messner kann sehen, wie ihr verschnörkelter Sekundenzeiger sich bewegt, aber er hört kein Ticken. Die Maschine hinterm Tresen spuckt Dampf und Milchschaum, ein schwarzer Lieferwagen donnert vorbei.

Messner hat unter der Maske zu schwitzen begonnen, er tastet in seiner Hosentasche nach einem Stofftaschentuch und zieht stattdessen den gefalteten Briefbogen aus dem Hotel heraus, den er schon wieder vergessen hatte. Fast kann er seine eigene Schrift nicht erkennen, so krakelig sind die Buchstaben. *Frau in Rot*, entziffert er. *Nicht sang, ging Straße lang.*

Und plötzlich stolpert sein Herz.

Rickie hat die Probe abgesagt, um ihn zu treffen. Sie ist jetzt auf dem Weg hierher. Plötzlich fällt es ihm wieder ein:

lief sie doch, leider noch, statt zu singen, Schwingen brin-
gen … Aber was soll das sein? Schwingen bringen?

Messner hat Mühe zu atmen, er reißt sich nun doch die Maske vom Gesicht und nimmt einen großen Schluck Kaffee aus der dickwandigen Tasse. Sein Blick fliegt durch das Café, er muss sich beruhigen. An etwas anderes versucht er zu denken, an Händels *Messiah*, er hat die Partitur vor seinem inneren Auge, seine linke Hand beginnt zu dirigieren, in kleinen, unmerklichen Bewegungen, aber er kann seine Gedanken nicht stoppen, die zu rattern begonnen haben, wie bei einem alten Computer, der Wissen prozessiert: Schwingen sind Flügel, Flügel sind Klaviere, einen Klavierauszug will sie ihm bringen, das muss es sein, Schwingen bringen, hereingefallen ist er, worauf auch immer, man hat ihn benutzt, um sie hierherzulocken, er muss das stoppen, er muss sie fernhalten, sie schützen, draußen entflammen die Straßenlaternen, drüben im Park gleißen Schneekristalle auf wie kleine Diamanten, *Glitzernacht*, ein Kind schlittert am Fenster vorüber und tatscht mit fettiger Hand gegen die Scheibe, *bodenglatt*, das darf alles nicht sein, Messner beginnt der Brustkorb zu schmerzen, woher kommt nur dieser Druck.

Und auf einmal geht das Licht aus, Stromausfall. *Hell die Stadt, doch Schwarz auf Schlag.*

»Blackout«, brummt der Kerl hinter dem Tresen, Kinder beginnen zu weinen, Mütter gurren beruhigende Töne, an den Tischen leuchten Smartphones auf, die Wände des Cafés wirken in ihrem Licht auf einmal kalt und blau.

Sie ist Gefahr, dröhnt es in Messners Kopf, während seine linke Hand noch immer weiterdirigiert, draußen vor dem Fenster ist es pechschwarz, die Lichtkegel eines Autos geistern wie körperlos über die vereiste Straße, jemand kichert, und Messner greift mit der freien Schlaghand nach seinem Handy und wählt zitternd ihre Nummer.

Auf ihre Stimme hofft er, auf das helle Lachen aus ihrer *Goldkehle*, doch nur das Tonzeichen plärrt ihm aus dem Telefon entgegen. Die Frequenz scheppert in seinen Ohren, was für ein hässlicher Ton das ist, dieses Tuten, grell und gleichmütig zugleich. Es tutet und tutet und bricht einfach nicht ab.

Die Welt wartet

1

Im Klassenzimmer regnete es unaufhörlich.

Das ist ein toller erster Satz. Mein Problem ist: Ich habe ihn nicht geschrieben. Stattdessen sitze ich hier auf der sonnenbeschienenen Terrasse und ignoriere die leere Seite auf meinem lichtmüden Bildschirm. Hinter meinem Computer strahlt die Costa del Sol. Das Meer ist heute ganz besonders blau und glatt, es unterscheidet sich fast nicht vom wolkenlosen Himmel. Das macht es von hier oben aus schwierig, die Horizontlinie zu finden. Mir gerät alles durcheinander: Flugzeuge schwimmen vorüber, Tretboote geistern in der Luft herum, und Kreuzfahrtschiffe setzen zum Sinkflug Richtung Malaga an. Wären da nicht die vielen weißen Häuser, die sich zu meiner Rechten vom Talboden bergaufwärts staffeln – ich wüsste nicht, ob ich mich überhaupt auf dem Festland befinde.

Die Villa des Don liegt oben auf dem Hügel über der Playa Burriana. Ihr Garten besteht aus einer ganzen Landschaft aus Terrassen und Beeten, die sich an die Hügelkuppe schmiegen. Ich kann mich kaum entscheiden, welche der glücklich wuchernden Pflanzen mir am besten gefallen. Die tellergroßen gelben Hibiskusblüten neben den Rosenbüschen und Erdbeeren. Der Jasminstrauch, der mir seine duftenden Blüten von oben auf die Markise segeln lässt. Die struppigen Weinreben, die eine Ebene tiefer den alten Wassertank umranken. Oder die drei Palmen, die am Pool des Nachbargrundstücks mit ihren weit gespreizten Wedeln in die Höhe ragen. Oben in der ersten Palme niest gerade einer meiner Leser. »Gesundheit!«, rufe ich zu ihm hinauf, und er fällt vor Verlegenheit fast aus der Krone.

Es ist irgendwie nett, dass sie überall mithinkommen. Schreiben kann sehr einsam sein. Der sonnenbebrillte Taxifahrer, der mich über die Küstenstraße nach Nerja fuhr, war erst verwirrt über die wild auf ihren Fahrrädern hinter uns herstrampelnden Leser. »¿Es usted famosa?«, fragte er mich und musterte mich durch seine schwarzen Brillengläser hindurch. Als ich ausweichend murmelte, dass ich nur Schriftstellerin sei und man von Berühmtheit also eher nicht sprechen könne, wollte er mir gar nicht glauben.

Meine plötzliche Reise hierher hat sie alle überrascht. Ich bin ja selbst noch ganz verdattert. »Na gut!«, hörte ich mich rufen, als der Don mir schon wieder mit seinem andalusischen Angebot daherkam. »Dann sind Sie jetzt eben Ihre Villa los!« Ich ließ mir kaum Zeit, meinen Koffer zu packen. Mitten in der Nacht buchte ich meinen Flug und trottete schon am nächsten Morgen über das verschneite Rollfeld auf das Flugzeug zu, meine aufgeregten, übernächtigten Leser im Schlepptau.

Wo sie schlafen, weiß ich nicht. Auf jeden Fall nicht bei mir, ich habe das ganze Haus für mich. Es ist schmal und elegant und hat drei Ebenen. Unten in der Garage soll es eine Tischtennisplatte und ein Elektrobike geben, aber dort war ich noch nicht. Auf der Höhe des Pools befinden sich zwei Schlafzimmer. Ich habe mich in dem kleineren eingerichtet, von dem aus man den Leuchtschriftzug auf dem Dach des gegenüberliegenden Hotels sehen kann: *Hotel Miguel Acabar*. Ich sehe die Buchstaben von hinten, ꟾƎTOH, sie leuchten ins Tal hinunter, und ich stehe mit ihnen in einer Blickrichtung, das gefällt mir. Das Zimmer hat zwar keinen Balkon, aber dafür liegt das Badezimmer direkt auf der anderen Seite des Flurs. Das Haus ist hell und freundlich eingerichtet. Eine geschwungene Marmortreppe führt hinauf in den obersten Stock. Die Wohnküche dort ist klug ausgestattet. Sogar der Kühlschrank ist immer gefüllt, Wassermelone, Butter, Manchegokäse, hauchdünn geschnittener Serranoschinken – es ist alles da. Und es wird auch nicht weniger! Ich muss nicht einmal das Wasser für die Eiswürfel nachgießen. Das kommt mir merkwürdig vor, ich habe hier noch nie jemanden kommen oder gehen hören.

Der Deal mit dem Don ist klar: Ich kann so lange bleiben, wie ich will. Aber ich darf erst abreisen, wenn ich ihm den ersten Satz für mein neues Buch überreiche. Der Satz ist verbindlich und darf nicht mehr abgeändert werden. Das hat mir der Don eingeschärft, von Anfang an.

»Was machen Sie denn, wenn es mir bei Ihnen so gut gefällt, dass ich gar nicht mehr wegwill?«, fragte ich ihn bei unserem ersten Telefonat und kam mir dabei sehr listig vor. »Wenn ich einfach nie wieder einen ersten Satz schreibe und für immer bleibe?«

Ihn erschütterte das nicht. Er mache keine Geschäfte, deren Risiken er nicht berechnet habe, erklärte er. Er habe mein Werk eingehend studiert und halte die Gefahr, dass ich kein Buch mehr veröffentliche, für ausschließbar. Bei meinem Charakter sei es eher zu befürchten, dass ich versuchen würde zu fliehen. »Verstehen Sie mich nicht falsch«, lispelte er in seinem schweren spanischen Akzent. »Ich halte Sie nicht für feige. Sie setzen sich dem Leben aus, das weiß jeder Ihrer Leser, aber …«

»Aber?«

»Sie verschwinden gern.«

Ich war verblüfft. Irgendwie klang das tatsächlich nach mir, auch wenn ich gar nicht sagen hätte können, warum.

»Und wie wollen Sie das verhindern?«, fragte ich. Erst hatte ich ihn einfach für einen verrückten Verehrer gehalten, davon habe ich ja viele. Aber die Sache begann, mich zu interessieren.

Es sei mir sicher klar, dass er meinen Reisepass einziehen werde, sobald ich in Nerja ankäme, erklärte der Don. »Sie bekommen ihn erst wieder, wenn der Notar Ihren ersten Satz beurkundet hat.«

Einen Notar hinzuzuziehen, fand ich ein bisschen übertrieben. Wahrscheinlich hätte ich den Vertrag, den mir bei meiner Ankunft sein sonnenbebrillter Mitarbeiter aus einer Limousine heraus zum Unterzeichnen hinhielt, genauer lesen müssen. Oder ihn erst mal einem Anwalt zeigen müssen. Aber ich war müde von der Reise, die Abgase aus dem Limousinenauspuff hüllten alles in grauen Nebel. Also kritzelte ich einfach meine Unterschrift an die mit roten Kreuzchen markierten Stellen und schnappte mir den vom manikürten Finger des Mitarbeiters herabbaumelnden Hausschlüssel.

Beunruhigt bin ich trotzdem nicht. Es kann ja nicht so schwer sein, einen ersten Satz aus dem Hut zu zaubern. Ich schreibe großartige erste Sätze! Auch wenn ich bisher noch nicht einmal sagen kann, wovon mein nächstes Buch handeln wird. Das ist ungewöhnlich, ich weiß normalerweise, was ich als Nächstes schreibe. Manchmal kann ich gar nicht erwarten, endlich mit dem einen Buch fertig zu werden, damit ich ein neues beginnen kann! Aber diesmal ist das anders. Es ist nicht so, dass mir nichts einfällt. Im Gegenteil. Ich habe von allem zu viel: zu viele Handlungen, zu viele Figuren, zu viele Anfänge, zu viele Enden. Ganze Dialoge schwappen losgelöst in meinem Kopf herum. Nichts passt zueinander, egal wie oft ich die Bruchstücke ans Licht zerre und neu zusammensetze. Das ist mir noch nie passiert. Und anstatt mich für irgendetwas zu entscheiden, schreibe ich lieber gar nichts.

Meine Leser glauben mir das nicht. Als ich gestern in nassen Badesachen die einhunderteinundvierzig Stufen vom Strand zur Donschen Villa hinaufstieg, lauerte mir hinter der pinkfarbenen Bougainvillea an der Wegkehre eine Dame auf. »Hören Sie, ich muss es wissen!«, rief sie und schob ihren rundlichen Körper durch den Vorhang aus pinken Blüten. »Wann erscheint Ihr Buch, geben Sie mir einen Hinweis!« Meine Antwort, dass es doch auch andere Bücher gebe, mit denen sie die Durststrecke überwinden könne, ließ sie nicht gelten. Sie ächzte hinter mir her. »Sagen Sie mir wenigstens, wovon es handelt«, keuchte sie. »Ist es ein Roman? Sind es Kurzgeschichten? So reden Sie doch! Ich flehe Sie an!«

Meine anderen Leser sind da schüchterner. Sie halten Abstand, aber sie tarnen sich schlecht. Sie sind den neuen Ort noch nicht gewohnt. Im dunklen Deutschland wissen sie sich einigermaßen gut in die Umgebung einzublenden. Aber hier verrät sie das Licht. Die Reflexe ihrer auf mich gerichteten Ferngläser und Kameralinsen umtanzen mich, als säße ich unter einer Diskokugel. Aus dem winzigen Granatapfelstrauch bei der Gartenmauer ragen Hände, die emsig in einem meiner Bücher blättern. Der Buchkritikerin, die von der Hollywoodschaukel der angrenzenden Dachterrasse auf mich herunterstarrt, pellt der Sonnenbrand schon die Haut von den nackten Schultern. Und dann ist da noch der Herr in Winterstiefeln und Pelzmantel, der schwitzend am Olivenbaum lehnt und unauffällig versucht, seine ferngesteuerte Kameradrohne über meinen Schreibtisch zu lenken.

Ich kann das schon verstehen. Ich würde mein nächstes Buch ja auch gerne lesen wollen, so schnell wie möglich! Nur dass ich es eben erst noch schreiben muss, im Gegensatz zu ihnen. Das schmälert meine Vorfreude deutlich.

Ich muss ihre Hartnäckigkeit belohnen. Schnell tippe ich ein paar Buchstaben in meinen Computer. *ÖowirhfÄIRH*, schreibe ich. *Noöaerhgröthssfnu98 jdföaxxx!* Sofort zieht ein Aufraunen durch das Tal, und die Markise bläht sich im Zugwind der herbeieilenden Hubschrauber und Drohnen.

Ich frage mich, wie der Don das seinen Nachbarn erklärt. Aber er scheint mir ein Mann zu sein, dem man keine Fragen stellt. Er lässt keinen Raum für Zweifel. Dass er ohnehin schon wisse, dass ich sein Angebot annehmen werde, verkündete er mir bei unserem zweiten Telefonat. »Ich habe eine sehr eigene Form der Analyse gefunden«, lispelte er, »zusammen mit ein paar engagierten Wissenschaftlern des Zentrums für Künstliche Intelligenz. Wir haben eine eigene Abteilung über Sie gegründet.«

»Ach was?«, sagte ich.

»Die Abteilung trägt natürlich Ihren Namen« fuhr der Don fort. »Die Forscher haben alle Ihre Bücher eingefüttert. Sogar Briefe und Einkaufszettel haben wir auftreiben können, alle verifiziert. Die KI wertet das aus und setzt sich daraus Ihre Persönlichkeit zusammen. Mit 92,74 prozentiger Wahrscheinlichkeit können wir nun Ihre künftigen Schritte vorhersagen. Dass Sie nach Nerja kommen werden, ist schon bestätigt, definitivamente.«

Ich lachte. »Zu 92,74 Prozent?«

»Nein«, sagte der Don. »Darüber gibt es keinen Zweifel. Nur über die Dauer bis zu Ihrer Zustimmung sind die Analysten sich bisher uneinig. Die Aussagen der Künstlichen Intelligenz sind zuweilen ein wenig … wie sagt man … críptico.«

»In was berechnen Sie das denn?«, fragte ich. Ich war nun wirklich neugierig. »In Tagen? In Wochen?«

»In Telefonaten mit mir«, sagte der Don. »Die meisten tippen auf sechs, aber ich sage: Wir brauchen nur vier.«

»Vier Telefonate mit mir?«

»Exactamente. Beim übernächsten Telefonat stimmen Sie zu.«

Er behielt natürlich recht.

Dass ich ihm noch nie begegnet bin, ist eigentlich ganz gut. Ich finde echte Menschen oft enttäuschend. Der Don lässt mir genug Raum für Fantasie. Das Bild, das ich mir von ihm zusammengesetzt habe, ist noch ein wenig verschwommen. Im Haus kann ich nur wenige Hinweise zu ihm entdecken. Nirgends gibt es Photos, weder von ihm noch von irgendwelchen Familienmitgliedern oder Freunden. Er hat auch keine Kinderspielsachen, Aschenbecher oder Yogamatten hinterlassen, nichts, was mir mehr über ihn und seine Gewohnheiten verraten könnte. Nur an der Garderobe hängt ein fein geflochtener Panamahut. In der Seifenschale im Badezimmer liegt ein Siegelring. Die Gravur ist interessant, sie sieht aus wie ein Waschbär mit erhobener Tatze. Und im großen Schlafzimmer waberte, als ich es zum ersten Mal betrat, noch ein Hauch von Rasierwasser herum. Es roch würzig, eine Mischung aus Muskat, Zimt und Moschus.

Am meisten irritiert mich, dass er keine Bücher zu haben scheint. Keine Romane, keine Lexika, keine Kochbücher. Nicht einmal ein Wanderführer für Streifzüge in die nahe gelegenen Berge steht hier herum. Die Regale sind voller Kristallgläser, Vasen und kleiner Tierstatuen aus Speckstein. Im Flur auf der unteren Etage gibt es einen Drucker, aber die Blätter im Papierstapel daneben sind alle leer. Ein Haus ohne Lesbares finde ich befremdlich. Zumindest die Bücher, die ich geschrieben habe, müsste er doch besitzen? Oder warum hat er mich sonst hierher eingeladen?

Ich hoffe, dass ich irgendwann den Gärtner nach ihm befragen kann. Getroffen habe ich ihn noch nicht, aber es muss ja jemanden geben, der all die Pflanzen hier gießt. Oder jemanden, der den Pool pflegt und ihn auf seinen pH-Wert überprüft. Heute früh fand ich frische Handtücher im Badezimmer, und die Fliesen im Patio waren gewischt. Irgendjemand ist also hier.

Drüben am *Parador* beginnt gerade die abendliche Prozession von der Playa zurück in die Stadt. Das *Parador* ist ein Edelhotel, das auf der gegenüberliegenden Anhöhe erbaut ist. Ein Wegschwung unterhalb des Hotelgartens führt vom Stadtrand hinunter zum Strand. Morgens kauert in der Kurve ein Gitarrenspieler, der wehmütige Melodien aus seinem Instrument herauszupft. Die Akustik ist bemerkenswert. Obwohl zwischen uns ein kleines Tal liegt, sind seine Klänge hier oben so klar zu hören, als stünde ich direkt vor ihm.

Ich frage mich, ob er mich auch belauschen kann, wenn ich manchmal an meinem Rechner vor mich hin fluche. Oder wenn ich auf der Tastatur herumklappere, nur um die sinnlosen Zeichen dann schnell wieder zu löschen. Aber selbst wenn er mich wirklich hört, nimmt er mich wahrscheinlich gar nicht wahr. Er ist zu sehr auf die Badegäste fokussiert, die sich mit ihren aufgeblasenen Gummitieren (pinke Flamingos, grüne Dinosaurier), Schlauchbooten, gestreiften Sonnenschirmen, riesigen Picknickkörben und bunten Strandtaschen den Abhang hinunterschieben. Sie sind seine Kunden. Ich könnte stundenlang beobachten, wie sie da so emsig auf das Meer loskrabbeln. Alle tragen sie Flipflops und Sandalen und flatternde, gefranste Tücher. An Wochenenden bauen sie ganze Wohnkolonien am Strand auf. Feuerstellen werden errichtet, Schlafwaben eingezogen, Nistplätze mit Grenzstangen markiert. Kinder verknäulen sich ineinander, Großmütter öffnen und schließen unermüdlich ganze Arsenale von Tupperdosen, Teenager beäugen sich über den Rand ihrer Smartphones hinweg, während Muskel strotzende Männer neue Kisten mit Eiswürfeln und Bierflaschen herbeistemmen. Das Gelächter und Gejubel und Gezanke schallt bis hinauf zu mir auf die Anhöhe. Auch jetzt, wenn sich in der sinkenden Sonne alle wieder nach oben ins Stadtinnere schieben, höre ich ihre Stimmen.

Ich komme mir hier oben doch sehr, sagen wir, *außer-*

halb vor. Als wäre das echte Leben anderen vorbehalten und ich thronte hier in einem Elfenbeinturm und würde alles nur studieren. Vielleicht sollte ich den Don bitten, mir ein paar Kontakte in der Stadt herzustellen.

»Sie können mich immer zurate ziehen, wenn Sie Hilfe benötigen«, hat der Don gesagt. »Ich bin bestens verknüpft.« Vielleicht sollte ich ihn auch einfach seine KI befragen lassen, wie mein erster Satz lauten wird. Sie müsste das doch beantworten können. Zumindest zu 92,74 Prozent. Da hätten wir dann alle etwas davon.

Seufzend klappe ich den Rechner zu, lege meine Stirn auf seiner silbern schimmernden Oberfläche ab und schließe meine Augen. Auf einmal ist es still. Zu still. Als hätte jemand mit einem Schlag den Ton gestoppt. Vorsichtig richte ich mich auf, schiebe den Terrassenstuhl zurück und trete an die geschwungene, sonnengewärmte Brüstung.

Ich brauche einen Moment, bis ich verstehe, was ich sehe. Die Stadt ist wie ausgestorben. Bei allen Häusern sind die Fenster verrammelt, alle Türen sind verschlossen. Nirgendwo sind Fußgänger zu sehen, der Wegschwung beim Parador ist verwaist. Nicht einmal Autos fahren auf den Straßen. Am Himmel kreuzen keine Flugzeuge und auf dem Meer sind keine Boote oder Schiffe oder Delphinrücken zu sehen. Sogar der Strand ist leer. Nur drüben, im *Hotel Miguel Acabar*, sehe ich eine Bewegung. Jemand ist ans Fenster herangetreten, er trägt eine schwarze Stoffmaske über Nase und Mund. Als er mich sieht, zuckt er zurück. Eine Hand schießt vor und zieht mit einem lauten Knall die hölzernen Fensterläden zu. Mein Blick fliegt hoch zu dem Leser in der Palme. Vielleicht kann er mir sagen, was los ist? Aber da ist niemand. Aus der Palmkrone ragen keine Beine, keine Ferngläser sind auf mich gerichtet. Die Wedel rascheln leise im Wind. Am Himmel ziehen Schleierwolken auf. Ich erkenne die Formation wieder, die sie bilden. Sie sehen aus wie die Gravur auf dem Siegelring des Don: der Waschbär mit der erhobenen Tatze.

Was passiert hier? Bin ich eingeschlafen?

Ich zwinkere einmal, zweimal. Und plötzlich ist alles wieder wie vorher. Drüben am Parador hüpfen Kinder die Anhöhe aufwärts, ein Ehepaar streitet, Teenager tragen eine plärrende Boombox spazieren, auf einem zubetonierten Grundstück im Tal kläffen zwei heisere Hunde. Über mir schnurrt eine neugierige Drohne, die ich automatisch mit meiner Hand wegzuwedeln versuche, als wäre sie ein lästiges Insekt.

Als ich mich jetzt über die Brüstung beuge und zu dem kleinen *Hotel Miguel Acabar* hinübersehe, steht dort ein Mann vor dem Eingang. Er hat seinen rundlichen Bauch vorgeschoben und den Kopf in den Nacken gelegt. Er ist schwarz gekleidet, in Anzughose und Wollpullover. Seine Augen sind von einer dunklen Sonnenbrille verdeckt, aber ich kann spüren, dass sein Blick auf mir ruht. Zögernd hebe ich die Hand zum Gruß. Er scheint mich nicht zu sehen. Er streicht sich einmal kurz über seinen angegrauten Schnauzbart. Dann dreht er sich um und schlurft zurück ins Innere des Hotels. Drüben in der Stadt schlagen Kirchenglocken, eine Grille zirpt.

Alles ist normal.

2

Ich weiß nicht, wie lange ich schon hier bin, aber ich lebe mich ein. Meine Tage beginnen einen Rhythmus zu entwickeln. Zwar schreibe ich noch nicht, aber ich habe jetzt eine Muse. Sie trägt ein rotes Kleid mit weißen Punkten. Wenn ich morgens verschlafen das gusseiserne Tor der Donschen Villa aufsperre und hinaus auf die Straße trete, erscheint sie. Ganz egal, wie früh ich losgehe: Sie kommt immer gerade vorbei und läuft vor mir die einhundertein-undvierzig Treppen zum Meer hinunter. Ich bin ein bisschen älter als sie, glaube ich, aber wir könnten Freundinnen sein. Sie ist hübsch, ich hätte auch gerne so einen eleganten Nacken. Ihr rotes Kleid wippt, wenn sie die Stufen abwärtstänzelt.

Ich kenne ihren Namen nicht, bisher haben wir uns nur zugelächelt. Natürlich könnte ich sie fragen, wie sie heißt, aber ich bin da vorsichtig. Wenn sie mir ihren Namen sagt, wird aus der Muse ein Mensch.

Am liebsten bin ich im Morgengrauen am Meer, bevor die Badegäste kommen. Alles ist dann weit und leer. Möwen spazieren in der Gischt herum, und ein paar Schatzsucher fahnden mit Metalldetektoren nach verlorenem Schmuck.

In den Strandrestaurants dudeln die Radios, Bademeister spritzen Plastikliegen mit Schläuchen ab, und in der Ferne schnattern die älteren Damen aus dem Ort, die in ihren bunten Badeanzügen in den Wellen herumstehen, als wäre das Meer ein Dorfplatz.

Meine Muse ist gerade im Wasser und winkt mir zu, ihr rotes Kleid liegt zusammengefaltet im Sand. Sie schwimmt viel länger als ich, parallel zum Ufer, bis zu den Bojen und zurück. Ich glaube, ich werde sie Anna nennen, das steht ihr. Namen von echten Menschen passen oft nicht zu ihren Trägern, meistens gefallen mir die, die ich vergebe, viel besser. Sogar mich selber habe ich umbenannt. Das wissen aber nicht einmal meine Leser.

Anna und ich sind gerade auf dem Rückweg, als uns die Katze vor die Füße fällt. Es passiert bei der Häuserzeile mit den Restaurants. Sie muss auf einem der Balkone hoch über dem Irish Pub herumgeturnt sein und ihren Halt verloren haben. Ihr Körper saust so dicht an unseren Gesichtern vorbei, dass ich den Luftzug auf meiner Haut spüren kann. Der Aufprall ist erstaunlich lautlos. Und auch wir bleiben still. Das gefällt mir. Andere Frauen hätten gekreischt.

»Die Katzen fliegen tief heute«, sagt Anna. Ich bin überrascht darüber, wie rauchig ihre Stimme ist. Und dass sie meine Sprache spricht. Hätte ich sie mir ausgedacht, dann würde sie genau so klingen.

»Dann wird's wohl regnen?«, sage ich. Wir sehen beide hinauf in den wolkenlosen Himmel. Oben auf dem Balkon schwingen struppige Zweige nach, ein paar abgerissene Blüten torkeln auf uns zu. Als wir wieder nach unten auf den Gehsteig blicken, ist die Katze verschwunden.

»Dass sie das überlebt hat«, murmle ich.

Anna zuckt mit ihren schmalen Schultern. »Bleiben noch sechs Leben übrig.«

Wir lachen und sehen uns zum ersten Mal richtig in die Augen.

»Wie heißt du denn?«, frage ich, bevor ich mich stoppen kann.

»Anna«, sagt Anna.

»Hah!«, rufe ich.

Anna lächelt. »Und du?«

Ich kann gar nicht glauben, dass sie mich nicht erkennt. Liest sie etwa keine Bücher? Sie sieht doch so schlau aus. Probehalber sage ich ihr meinen Geburtsnamen. Den, von dem außer meiner Familie niemand weiß. Einfach, um zu sehen, ob sie widerspricht. Aber sie nickt nur und sagt auf Spanisch: »Encantada.« Was wohl so viel heißt wie: »Sehr erfreut.«

Beim Aufstieg reden wir über Quallen. Eigentlich lasse ich Anna reden. Ihr scheinen die Treppen nichts auszumachen, sie ist kein bisschen außer Puste. Ich fange schon beim Baum mit den Granatäpfeln an zu keuchen, der steht am zweiten Treppenabsatz. Anna erzählt mir, dass man das Meer hier jeden Tag neu überprüfen muss, bevor man ins Wasser geht. Sie nennt die Quallen Medusen. »Die sind echt gefährlich. Ihre Tentakel brennen sogar noch, wenn sie in Fetzen gerissen und längst nicht mehr mit dem aufgeblähten Medusenkörper vertäut sind.«

»Woran erkennt man denn«, keuche ich, »dass Medusenfetzen im Wasser treiben?«

»Schwierig«, sagt Anna und winkt der Leserin zu, die uns hinter der Bougainvillea auflauert. »Am besten sieht man nach, ob die einheimischen Damen im Wasser stehen. Die kennen die Anzeichen. Kalte Strömungen sind zum Beispiel gut. Medusen frieren nicht gern.«

Ich nicke stumm. Ich brauche meinen Atem für die letzten der einhunderteinundvierzig Stufen. Mit ihren blauweißen andalusischen Zierfliesen sind sie zwar besonders hübsch, aber sie sind auch besonders steil gebaut. Anna hat nicht einmal eine glänzende Stirn, dabei sind es in der Sonne jetzt sicher schon dreißig Grad. Schwitzt sie nie?

Als wir in der Gasse das schmiedeeiserne Tor erreichen und uns verabschieden müssten, zögere ich. »Sag mal, ist dir vor ein paar Tagen etwas aufgefallen?«, frage ich Anna schließlich. »So gegen frühen Abend?«

»Was denn?«

Ich überlege kurz. »Eine plötzliche Stille«, sage ich dann.

Ihre Reaktion ist rätselhaft. Sie sagt nichts, sie betrachtet mich nur. Ich kann keine Regung aus ihrem Gesicht ablesen, sie steht einfach nur da, als würde sie auf etwas warten. Ihr Kleid flattert im Wind. Weit oben, auf dem Dachfirst der Donschen Villa schreit eine Möwe. Und im Inneren des Gebäudes setzt plötzlich ein Klingeln ein. Es schrillt laut und unbeirrt. Ich seufze. »Entschuldige, ich muss da

rangehen«, sage ich zu Anna und krame in meiner Bast-
tasche eilig nach dem Schlüssel. Irre ich mich, oder sieht
sie erleichtert aus?

Am ersten Tag musste ich das Telefon suchen. Ich stand
gerade am Kühlschrank, als es in der Tiefe des Hauses zu
läuten begann. Ein altertümlicher Klingelton war das, ein
durchdringendes Rrrrring, das mich über die Marmorstu-
fen hinunter in das untere Stockwerk lotste. Ich fand das
Telefon in einem kleinen Kabuff, unterhalb der Treppe. An
der dort eingelassenen weißen Holztür musste man sehr
heftig zerren, damit sie aufging. Das Telefon saß im Kabuff
auf dem Boden. Es wirkte wie aus der Zeit gefallen: eins
von diesen uralten Plastikdingern mit Wählscheibe und
bauchigem tannennadelgrünem Körper. Es klingelte vor
sich hin. Seine Kordelschnur war viel zu kurz, ich musste
mich in das Kabuff hineinkauern, um überhaupt abhe-
ben zu können. »*Si*?«, blaffte ich in den Hörer. Ich klinge
gerne abschreckend am Telefon. Man weiß ja bei so alten
Geräten nicht, wer da anruft. Außerdem fühle ich mich
meistens gestört. »Sind Sie gut angekommen?«, fragte der
Don. »Offensichtlich«, brummelte ich. Seitdem sprechen
wir jeden Tag miteinander. Es gibt da keinen Zwang, aber
irgendwie gefällt mir, dass er nach mir sieht. Und ich mag
Regelmäßigkeiten. Er fragt recht viel, er interessiert sich
für mich, das finde ich höflich. Heute ist keine Ausnahme.
    »Kommen Sie gut voran?«, will er wissen, kaum dass ich
den Hörer abnehme.

Darauf antworte ich natürlich mit einer Gegenfrage. So leicht lasse ich mir nicht in die Karten sehen! »Haben Sie schon Angst um Ihr Haus?«

»Nicht doch«, sagt er, »mir geht es nur um Ihre Kunst.« Ich glaube ihm das. Trotzdem bin ich misstrauisch. Ich verstehe noch immer nicht, was er mit meinem ersten Satz will. Möchte er ihn weiterverkaufen? Und warum darf ich ihn nicht ändern? Ich kann es mir einfach nicht erklären.

»Waren Sie schon Paella essen?«, will er wissen. »Mittwochs ist der einzige Tag, an dem Ayo seinen *Chiringuito* auch abends öffnet. Dazu gibt es Flamenco.«

»Klingt mir zu touristisch«, sage ich und reibe ein paar Muschelkalksplitter von meinen sandverkrusteten Füßen. Ich muss demnächst dieses Kabuff fegen, ich habe schon den halben Strand dort eingelagert. Hier drin wird anscheinend nicht geputzt.

»Da irren Sie«, sagt der Don. »Ayo ist eine Institution. Er hat schon Barack und Michelle bekocht.«

»Mhm«, mache ich. Mich beeindruckt das kein bisschen. Mich interessiert viel mehr, dass hier ein Besen an der Wand hängt. Und daneben eine Taschenlampe. Zwar habe ich keine Ahnung, wofür ich die brauchen soll, aber irgendwie scheint es mir wichtig zu wissen, dass es sie gibt.

»Außerdem hat er als Junge die Höhlen von Nerja mitentdeckt«, fährt der Don fort. »Seine Freunde und er jagten Fledermäuse und stolperten in den Einstieg.«

Nun werde ich doch neugierig. Höhlen finde ich interessant. Und Fledermäuse auch. Außerdem mag ich Paella. Mit Safranreis und Hühnchen und Gambas kann man mich eigentlich überall hinlocken. Vielleicht frage ich Anna, ob sie nächste Woche mal mit mir zu diesem Ayo geht.

»Ich reserviere für Sie und Ihre Begleitung«, sagt der Don.

Ich stutze. Habe ich das mit Anna gerade laut ausgesprochen?

»Erzählen Sie mir mal lieber, was Sie mit Ihrer KI vorhaben«, sage ich. »Wenn Sie mich bisher zu 92,74 Prozent vorausberechnen können – was ist dann mit den fehlenden 7,26 Prozent? Wie erklären sich Ihre Forscher das?«

Der Don schweigt. Es rasselt im Hörer. Ich bin mir nicht sicher, ob das an der knisternden Leitung liegt oder ob er Kettenraucher ist.

»Es gibt da diesen Faktor an Ihnen, den die Programmierer noch nicht entschlüsseln können«, erklärt der Don schließlich. »Es ist ein, wie sagt man, rompecabezas, ein Enigma. Niemand versteht, wie Sie arbeiten. Ihre Schreibphasen sind so erratisch, bisher konnte kein verwertbares Muster abgeleitet werden.«

»Ich bin also ein Rätsel?«, frage ich. Ich bin begeistert.

Der Don ignoriert meine Freude, er bleibt ganz sachlich. Ein bisschen sei das, fährt er fort, als würde mir jemand Stromstöße durch die Nervenstränge jagen und mich dazu bringen, alles aus mir herauszutippen, was da so in meinem Kopf herumschwirre. Aber wann oder wie das passiere, sei bisher noch – er zögert – *unübersichtlich*.

»Das ist ja schwach«, sage ich. In Wahrheit aber bin ich beeindruckt. Wenn irgendeine Beschreibung auf mich zutreffend ist, dann ist es die der Unübersichtlichkeit. Ich kann mich schon längst selbst nicht mehr überblicken.

Ich verlagere mein Gewicht. Das Kabuff ist wirklich niedrig. Ich muss mich, wenn ich nicht umkippen will, mit den Ellenbogen an der Wand abstützen. Soeben huscht ein Silberfischchen an meinen Füßen vorüber.

Der Don sagt etwas, aber ich höre nicht hin. Mir ist gerade etwas aufgefallen. Außerhalb dieses Kabuffs habe ich bisher kein Ungeziefer gesehen, im ganzen Haus nicht. Keine Ameisen in der Küche, keine Tigermücken im Schlafzimmer, keine Kakerlaken auf den Terrassen. Nicht einmal Blattläuse auf den Rosenstöcken gibt es. Kann das sein?

»Wer macht hier eigentlich sauber?«, unterbreche ich den Don.

Er wirkt verdutzt. »Niemand«, sagt er.

»Aber es füllt doch jemand den Kühlschrank auf«, insistiere ich. »Die Handtücher sind frisch, die Küche ist geputzt, und die Terrassen sind am Morgen gefegt.«

Ich höre ein Schaben, wie von einer Füllerspitze auf Papier. Der Don scheint sich etwas zu notieren.

»Kümmern Sie sich nicht darum«, sagt er. »Und grüßen Sie heute Abend Ayo von mir.«

»Heute?«, frage ich verdutzt. »Aber heute ist doch …«

»Mittwoch«, ergänzt der Don.

Dann klickt es in der Leitung, das Gespräch ist vorbei.

Ich lege den Hörer auf und seufze. Das Kabuff scheint das Geräusch zu schlucken. Es ist ein eigenartiger kleiner Raum. Trotzdem fühle ich mich wohl hier drin. Ich lasse meinen Blick nach oben wandern. Ich begreife nicht ganz, warum die Decke so niedrig ist. Sie müsste sich doch mit der aufsteigenden Treppe in die Höhe hin öffnen?

Außerdem verstehe ich nicht, wieso heute Mittwoch ist. Ich hätte schwören können, dass der gestern war. Seit ich in Andalusien angekommen bin, ist mein Gespür für Zeit durcheinandergeraten. Alles fühlt sich unlogisch an: als sei ich gerade erst angekommen und doch schon ewig hier. Es ist auch nicht ganz erklärlich, wieso hier Hochsommer ist, wenn ich doch im Winter in Deutschland losgeflogen bin. Aber die spanische Sonne bringt ja auch Uhren zum Zerfließen, zumindest auf Gemälden.

Ich seufze noch einmal und rapple mich auf. Ich muss mich fast mit meinem ganzen Gewicht gegen die Kabufftür werfen, um sie aufzubekommen. Eine kleine Spinne, die sich gerade an der Innenseite der Tür entlanghangelt, springt entrüstet zu Boden. Stimmt, Spinnen gibt es in diesem Haus auch keine.

Oben in der Küche schalte ich die Kaffeemaschine ein. Jemand hat frische Croissants und ein duftendes, noch ofenwarmes *Pan Gallego* in den mit einer frischen Serviette ausgeschlagenen Brotkorb drapiert. Die danebenliegende Papiertüte ist sorgsam glatt gestrichen. *Ortiz* steht darauf. Ich beäuge sie misstrauisch. Hat der Don so viele Bedienstete, dass er ganz vergisst, dass er sie beschäftigt?

Als ich die Jalousie zur Terrasse hochziehe, scheint die Stadt zu flirren. Sie ist in der Vormittagssonne gleißend hell. Alles ist in Bewegung. Ein Kran schwenkt gerade seinen hoch aufragenden Arm über das Tal, hupende Autos schieben sich zur Küste, irgendwo dröhnt ein Presslufthammer, und drüben im *Hotel Miguel Acabar* dudelt ein Radio. Ich schiebe die gläserne Schiebetür noch weiter auf und trete hinaus.

Es geschieht, während ich den Schritt auf die Terrasse tue, mitten in meiner Bewegung.

Plötzlich ist da wieder diese Stille. Diesmal spüre ich den Umschwung genau. Es gibt ein kurzes, scharfes Geräusch, als würden mit einem entschlossenen Schlürfen alle Töne abgesaugt, wie bei diesen druckgereinigten Toiletten in Flugzeugen. Die Stille danach ist so absolut, dass sie mir in den Ohren dröhnt.

Die Stadt ist auf einmal gelb. Alle Häuser sehen aus, als wären sie in eine Schmutzlauge getaucht worden. Der Kran ist mitten in der Bewegung erstarrt, an seinen Verstrebungen sind ockerfarbene Schlieren. Vorsichtig drehe ich mich um. Auch die Außenwände der Donschen Villa wirken, als hätte sie jemand mit einem riesigen Pinsel angemalt. Die ferngesteuerte Markise, die ich noch vor meinem Strandgang unter dem Jasminstrauch ausgefahren habe, ist schmuddelig und zerfranst. Die Erdbeerpflanzen sind von einem gelblichen Staubfilm überzogen. Selbst die Luft wirkt sandig. Und auf der gebogenen Wand des Wassertanks kann ich wie in einem ockerfarbenen, aufgesprühten

Negativbild einen Waschbären erkennen, der seine Tatze erhebt.

»Calima«, sage ich. Ich weiß auch nicht, woher ich das Wort habe. Ich weiß nur, dass es den Sandsturm bezeichnet, der manchmal von Afrika herüberweht. Und ich weiß, dass ich das Wort laut ausspreche. Ich spüre es genau. Aber ich kann meine eigene Stimme nicht hören.

Ich trete an die Brüstung und beuge mich zum *Miguel Acabar* hinunter. Die Tür zur Rezeption ist weit geöffnet. Der Mann mit der Sonnenbrille und dem Schnauzbart sitzt im Halbdunkel am Tresen und starrt mich an.

Den Rest des Tages verbringe ich im Inneren des Hauses an meinem Rechner. Ich habe alle Türen geschlossen, in meinem Zimmer die Vorhänge zugezogen und mich auf mein Bett gesetzt. Ich schreibe Sätze und lösche sie wieder.

Die Stadt war gelb, schreibe ich.

Der Tag, an dem der Klang verschwand, war ein Mittwoch.

Ich kann hier nicht bleiben.

Irgendwann muss ich eingeschlafen sein. Das ist der Nachteil, wenn man auf dem Bett zu arbeiten versucht. Ich träume von einer großen metallenen Figur. Sie lässt mich nicht aus den Augen, ihr Blick ist kalt.

Als ich aufwache, schwitze ich. In der Küche reiße ich den Kühlschrank auf und trinke eine Dose *KAS* in einem Zug leer. Mein Blick fällt dabei aus dem Fenster. Die Stadt sieht wieder völlig normal aus.

Wieso zeigt mein Rechner eigentlich kein Datum an?

Als ich diesmal die Terrasse betrete, steht die Sonne schon tief. Drüben am *Parador* schieben sich die Badegäste aufwärts, vom Pool der Nachbarn dringt Gelächter und Geplätscher herüber. Die Terrassenfliesen sind warm unter meinen nackten Füßen. Ich strecke mich, und eine Drohne schwirrt herbei.

»Entschuldigen Sie«, rufe ich dem winterbepelzten Mann zu, der wie immer mit seiner Fernsteuerung an den Weinreben steht. »Wie lange sind wir schon hier?«

Er sieht erschrocken aus, ganz so, als hätte er nicht erwartet, dass ich ihn sehen kann. Aber er fasst sich schnell.

»Frau Schriftstellerin«, ruft er zurück, »ich möchte Ihnen ein Angebot unterbreiten! Ein großer Getränkehersteller hat mich geschickt. Wir würden gerne mit Ihnen über *Product Placement* in Ihrem nächsten Roman sprechen. Sehen Sie, wenn Ihre Figuren künftig exklusiv unsere Produkte trinken …«

Ich drehe mich von ihm weg und laufe über die weiten Treppenabsätze abwärts durch den Garten, vorbei an den Kräuterbeeten, den Zitronen- und Olivenbäumen, bis hinein in den Pool. Ich streife nicht einmal mein T-Shirt über den Kopf. Ich marschiere einfach über den Beckenrand und spüre, wie das Wasser über meinem Scheitel zusammenschlägt. Als ich prustend auftauche, befinde ich mich Nase an Schnabel mit einer gelben Gummiente, an deren Unterseite ein Thermometer befestigt ist. Das Wasser ist kaum kälter als die Luft, aber es kühlt nicht nur meinen

Körper, sondern auch meine Gedanken. Ich drehe mich auf den Rücken, breite meine Arme aus und lasse mich treiben. Der Himmel über mir ist unendlich blau und klar.

Ich muss mich sammeln.

Ich weiß nur nicht, wo ich beginnen soll. Das Einzige, was mir einfällt, ist der Don. Schließlich war das hier doch alles seine Idee. In meinem Kopf gehe ich unsere Gespräche durch, ich suche sie nach Hinweisen ab. Hat dieser Ayo etwas mit allem zu tun? Kann ich ihn um Rat fragen? Vielleicht legt der Don ja, ohne es zu wollen, eine Spur. Und vielleicht wäre es gut, ihr zu folgen.

Als ich später frisch geduscht und geschminkt in einem meiner schönsten Sommerkleider aus dem Haus trete, steht Anna da. Sie trägt wieder ein rotes Kleid mit weißen Punkten, aber der Stoff wirkt jetzt edler. Statt ihrer Flipflops hat sie Sandalen an, ihre rechte Hand umfasst eine in der Abendsonne funkelnde, mit Strasssteinen besetzte Handtasche. »Paella«, sagt sie. Es klingt eher wie eine Feststellung als wie eine Frage. Ich nicke. Mich wundert hier gar nichts mehr.

3

Die Tänzerinnen wirbeln herum. Das Stampfen ihrer Stiefel lässt die Holzbühne auf dem Lehmboden erzittern. »Olé!«, ruft der Gitarrenspieler und reckt seinen Hut in die Höhe. Das Restaurant ist bis auf den letzten der Plastiktische besetzt. Auf der offenen Feuerstelle köchelt eine riesige Pfanne mit Paella, Kellner flitzen mit Tellern, auf denen Paellatürme wackeln, hin und her und versuchen, nicht über die Kinder zu fallen, die in rot-schwarzen Flamencokostümen zwischen den Tischen herumwuseln. An unserem Nachbartisch sitzt eine Gruppe von Engländerinnen, ihre Schultern und Gesichter sind rot vom Sonnenbrand, ihre Augen glänzen fiebrig. Sie lachen und klammern sich an ihre gefrosteten Biergläser. Hinter uns rauscht die Meeresbrandung in der Dunkelheit, aber das Geräusch ist zwischen den Gesprächen und den von Flamencomusik scheppernden Lautsprechern nur zu erahnen.

»Vielleicht hat alles mit den Höhlen zu tun«, schreie ich Anna gerade zu. »Oder mit den Fledermäusen!« Zwischen uns steht der Teller mit den Abfallresten: Hühnerknochen, ausgepresste Zitronenviertel und leer geschlürfte Muschelschalen. Das papierene Tischtuch ist mit Fettspritzern und gelben Reiskörnern übersät. Mein Bierglas ist schon wieder leer.

»Was ist mit diesem Institut für Künstliche Intelligenz?«, ruft Anna zurück und nippt an ihrem dunkelroten Tinto de Verano, der eine Mischung aus Rotwein und Limonade zu sein scheint. »Musst du nicht rausfinden, was die von dir wollen?«

Sie hat natürlich recht. Ich verstehe auch nicht, was mit mir los ist. Immer wenn ich versuche, an das Institut zu denken, pralle ich zurück. Es ist, als würde mein Geist gegen eine elastische Mauer rennen und durch den Aufprall anderswohin geschleudert. Auch jetzt kann ich den Gedankengang kaum festhalten. »Der Satz«, rufe ich schnell, bevor ich es wieder vergesse, »mein erster Satz ist der Schlüssel!«

»Schlüssel wofür?«

In meinem Kopf beginnt es zu hämmern. Die Worte drohen mir auf der Zunge zu zerfallen, bevor ich sie aussprechen kann. »Für … für die KI!«

In dem Moment stolpert der Kellner über einen kleinen, zotteligen Hund. Ich sehe die Paella auf mich zukippen, Safranreis besprenkelt mein Haar, eine Gamba landet in meinem Ausschnitt. Die Engländerinnen quietschen auf. Die Nachbartische grölen und applaudieren. Sogar die Flamencotänzerinnen halten mitten in ihrer Drehung inne. Der Gitarrist springt auf, deutet in meine Richtung und fordert mich auf, mich zu verbeugen. Zögernd erhebe ich mich, jemand ruft meinen Namen, ein anderer brüllt: »La novelista!« Das ganze Restaurant jubelt, und ich mache einen Knicks.

»Wo waren wir stehen geblieben?«, frage ich Anna, als ich mich wieder setze. Meine Wangen brennen. Es fühlt sich an, als hätten wir gerade über etwas Wichtiges gesprochen, aber mir will einfach nicht mehr einfallen, was es war. Anna schüttelt den Kopf. Sie scheint etwas sagen zu wollen, aber dann bleibt sie still.

Ich sehe mich um. Ich war lange nicht mehr unter so vielen Menschen. »Welcher von denen ist eigentlich Ayo?«, frage ich.

Anna deutet auf einen Herrn mit weißem langem Zopf, der bei der Feuerstelle steht. An seine Schienbeine hat er Schoner aus Pappkarton geschnürt. Er sieht freundlich aus. Ich wollte etwas von ihm, ich wollte ihn doch etwas fragen, aber irgendwie kann ich mich gerade nicht erinnern.

»Kennst du den Don?«, frage ich Anna stattdessen.

Ich weiß kaum etwas über sie. Sie hält sich sehr bedeckt. Eigentlich habe ich nur erfahren, dass sie viele Schwestern hat und nicht nur Spanisch und Deutsch, sondern auch Altgriechisch spricht. Umgekehrt weiß sie von mir fast alles: dass ich Schriftstellerin bin und dass der Don mich mit seinem merkwürdigen Angebot hierhergelockt hat. Irgendjemandem muss ich doch hier vertrauen. Wobei ich nicht verstehe, warum ich niemanden anrufe und um Rat frage. Habe ich keine Familie? Keine Freunde? Ich bin mir nicht sicher. Es ist wie ein schwarzes Loch. Vielleicht habe ich auch einen Sonnenstich, so wie die Engländerinnen, die sich gerade kreischend und schwankend von ihren Plastikstühlen erheben, um den Flamencotänzerinnen zuzuprosten.

»Ich weiß *von* ihm«, sagt Anna. Sie scheint genauso schlau zu sein, wie sie aussieht, ihre Wortwahl ist so präzise.

»Kann man ihm vertrauen?«, will ich wissen.

Sie zögert. »Sieh ihn als Geschäftspartner«, sagt sie dann. »Er wird sich sicher an den Vertrag halten, den ihr geschlossen habt. Ich hoffe, du hast das Kleingedruckte gelesen.«

Mist, der Vertrag. Wo habe ich den nur hingeräumt?

Der Kellner stellt mit einem Knall ein frischgezapftes Bier vor mir ab, der Schaum läuft über den Rand. Ich nehme einen tiefen Zug. »So schlimm wird's schon nicht sein. Ich habe ihm ja nicht mein Lachen verkauft. Oder meinen Schatten. Apropos: Kann es sein, dass Ayo keinen Schatten hat? Das sieht hier im Licht fast so aus!«

Anna sagt nichts. Sie rutscht auf ihrem Stuhl hin und her, ihr Blick fliegt hoch zu den Neonröhren, die in der Verstrebung des Planendachs angebracht sind, dann scheint sie etwas auf dem Boden zu suchen. Ich folge ihrem Blick mit meinem Blick. Ich kann nicht verstehen, was sie da sieht. Oder ist es etwas, das sie nicht sieht? Plötzlich wird mir kalt. Hat Anna etwa auch keinen Schatten? Ich kann zumindest keinen entdecken. Aber dann gibt es auf einmal eine Veränderung des Lichts, und plötzlich ist Annas Umriss auf dem mit Safranreiskörnern besprenkelten Boden zu sehen. So, als hätte ihn jemand ganz schnell da hingemalt. Als wir wieder aufsehen, lächelt Anna. Ich weiß nicht, wie ich das deuten soll. Vielleicht ist sie doch keine Muse, sondern eine Sphinx.

»Meinen Schatten zu verkaufen, wäre klüger gewesen«, fahre ich fort und reibe mir die Schläfe. »Das mit dem Satz stresst mich. Ich kann gar nicht mehr richtig denken.«

Der zottelige kleine Hund schmiegt sich an Annas Bein und schmachtet den Teller mit den Hühnerknochen an. Anna ignoriert ihn. Vielleicht mag sie Katzen lieber. Oder Gänse. »Kannst du nicht ein Buch ohne ersten Satz schreiben?«, fragt Anna.

Ich muss lachen. Aber vielleicht hat sie gar nicht so unrecht. Ich muss mein Buch ja nicht mit einem ersten Satz zu schreiben beginnen. Vielleicht kann ich rückwärtsarbeiten, das wäre eine Möglichkeit. Wie eine gegenläufig erzählende Scheherazade, die beim Ende anfängt und erst aufhört, wenn sie sich in Sicherheit weiß. Zumindest würde ich so Zeit gewinnen. Gerade fühlt es sich an, als könnte ich die brauchen.

»Was würdest du denn an meiner Stelle machen?«, frage ich.

Anna zuckt mit ihren schmalen Schultern. »Ich würde die Fäden aufnehmen, die der Don mir auslegt. Und mich von ihnen leiten lassen.«

Auf der Tanzfläche stauen sich jetzt die Gäste, sie stampfen herum, ahmen mit schnipsenden Fingern die Tänzerinnen nach. Eine der Engländerinnen wird von einem alten Spanier herumgewirbelt, ihr Lippenstift wirkt, als wäre er durch die Fliehkraft verrutscht.

Die Fäden aufnehmen. Ich sehe mich um.

An einem der Tische in der Nähe des Ausschanks entdecke ich Ayo. Die Herren, zu denen er sich gesetzt hat, sehen aus, als seien sie einem Film über die Camorra entstiegen. Sie haben alle Sonnenbrillen auf. Eine Frau sitzt bei ihnen, eine Witwe mit von schwarzem Tüll verschleiertem Gesicht. Sie trägt schwarze Satinhandschuhe und über dem glänzenden Stoff an jedem Finger einen anderen Ring.

Bevor ich es mir anders überlegen kann, bin ich schon

aufgesprungen. In wenigen Schritten bin ich bei ihnen, hinter mir kläfft der kleine Hund. »Perdon, Señor Ayo«, höre ich mich sagen. »Können Sie mir helfen? Ich habe einen Vertrag mit dem Don, aber ich … ich fühle mich damit nicht mehr wohl.«

Das Gespräch am Tisch verstummt, alle starren mich an. Sogar den Blick der Witwe kann ich hinter ihrem Stoffschleier auf mir spüren. Mein Herz hat zu hämmern begonnen. Ich verstehe selbst nicht, was ich mir dabei denke. Ayo spricht sicher kein Deutsch. Außerdem ist »Don« kein Name, er weiß sicher nicht einmal, von wem ich rede.

Ayo sieht mich prüfend an, seine Augen sind wässrig. Mit einer knappen Geste deutet er mir an, mich zu ihm zu beugen. Ich kann seine Haarpomade riechen, so dicht ist mein Gesicht an seinem Kopf. »Pregúntale a Miguel«, raunt Ayo. Ich bin nicht sicher, ob ich ihn richtig verstanden habe. Gerade will ich nachhaken, will es auf Englisch versuchen, aber Ayo hat sich schon wieder weggedreht, der verschleierten Witwe zu, und ich spüre Annas Hand, die sich auf meine Schulter legt und mich sanft durch das Gedränge der Kellner und Gäste zum Ausgang schiebt. »Preguntaleamiguel?«, rufe ich ihr durch den Lärm ins Ohr. »Was heißt denn das?« Aber sie schüttelt nur den Kopf und antwortet nicht.

Den ganzen Aufstieg über sprechen wir kein Wort, einhunderteinundvierzig Stufen lang. Erst als wir oben vor der Donschen Villa stehen, lehnt sich Anna zu mir. Über uns gluckst der Pool auf der höher gelegenen Terrasse, am

Himmel funkeln die Sterne. »Frag Miguel«, flüstert sie. Dann dreht sie sich um und läuft mit wippendem Kleid die Straße hinunter. Die Strasssteine ihrer Handtasche glitzern im Mondlicht wie kleine Lichtdiamanten, bis die Dunkelheit sie verschluckt.

Ich will gerade das Tor aufsperren, als das Glucksen des Pools verstummt. Diesmal fühle ich die Stille mehr, als dass ich sie höre. Ich habe diesen Druck in meinem Inneren. Als hätte jemand meine Organe in Gefrierbeutel gepackt und würde gerade mit einem Vakuumiergerät die Luft absaugen. Und noch etwas fällt mir auf: Alle Gerüche sind schlagartig verschwunden. Die Nachtluft, die eben noch so würzig war, wirkt plötzlich fahl. Der Teer der Straße, der die Sommerwärme nachdünstete, das Aroma von Rosmarin und Jasmin, das vom Garten des Don herunterwehte, die stockenden Abgase vom Parkplatz, das Meersalz in der Luft, der scharfe Uringeruch der sich hier nachts herumtreibenden Ginsterkatze, sogar der süßliche Moder, der aus den überhitzten Mülltonnen des Hotels steigt – nichts davon ist mehr zu riechen.

Ich drehe mich um.

Die Stadt sieht normal aus. Die Häuser ziehen sich hinunter ins Tal. Auf ihren Dächern hat sich kein Sand abgelagert, die Hauswände haben keine Schlieren. Die Fenster sind auch nicht verrammelt. Niemand duckt sich hinter Gardinen weg oder trägt Masken. Trotzdem hat sich etwas verändert. Ich brauche einen Moment, bis ich es begreife: Es ist alles erstarrt. Unten auf der Küstenstraße verharren Autos mitten auf der Fahrbahn. Gerade noch vom Wind bewegte Palmenwedel stehen unbewegt in der Luft, kein Leser sitzt in der Krone. Auf dem Meer thronen ein paar Fischerboote auf eingefrorenen Wogen. Mitten im Nachthimmel ist eine Perlenkette aus Starlink-Satelliten anmontiert, die gerade ins All aufsteigen wollte. Nirgendwo ist mehr Bewegung. Nur im *Miguel Acabar* flackert Licht.

Vorsichtig setze ich einen Fuß vor den anderen. Ich komme ganz normal vorwärts, Schritt für Schritt. Aber Geräusche höre ich keine. Kein Aufsetzen meiner Fußsohlen, als ich die Straße überquere. Kein Rascheln meines Sommerkleides oder meiner langen Haare, die mir über die Ohrmuscheln fallen. Nicht einmal meinen eigenen Atem höre ich.

Die Holztür zur Rezeption ist geöffnet. Der Raum ist nicht groß. Das nussbaumfarbene Holz in der Ausstattung lässt ihn noch kleiner wirken: der Boden aus geölten Holzdielen, die geschnitzten Holzpaneele an der Decke, das hölzerne Schlüsselbrett hinter dem Holztresen.

Jemand steht dort und sieht mir entgegen. Es ist der Mann mit dem Schnauzbart und der Sonnenbrille. Wieder trägt er einen schwarzen Wollpullover und eine Anzughose. Er wirkt nicht überrascht, als ich eintrete. Fast ist es, als hätte er mich erwartet.

Ist er der Eigentümer? Ist er Miguel Acabar?

»Buenas noches«, sage ich automatisch. Es ist das Einzige, was mir einfällt. Ich spüre, dass meine Stimmbänder schwingen, meine Lippen bewegen sich ganz normal. Aber ich bin nicht zu hören.

Frag Miguel.

Ich sehe mich um. Dann greife ich mir einen Stift und einen auf dem Tresen ausgelegten Werbeprospekt. WER IST DER DON, schreibe ich in Großbuchstaben auf den Rand. Meine Buchstaben sehen schludrig aus, so sehr zittern meine Hände. Ich schiebe dem Rezeptionisten den Flyer zu.

Er reagiert nicht. Ich stelle mich direkt vor ihn, ich winke, zuerst nur mit meiner Hand, dann, weiter und weiter ausholend, mit beiden Armen. Er steht da, das Gesicht dem Eingang zugewandt, er atmet, aber er reagiert nicht auf meine Bewegung. Ich versuche zu rufen, aber natürlich hört er mich nicht.

Und dann begreife ich es: Der Rezeptionist ist blind.

Plötzlich fährt eine Schallwelle durch das Hotel. Die Geräusche springen wieder an: Ein Radio dudelt aus einem Hinterzimmer, oben im ersten Stock singt jemand, eine Toilettenspülung rauscht. Dicht vor dem Hotel hupt ein Auto. Ich wirble herum und starre durch die geöffnete Tür, aber auf der nachtdunklen Straße ist niemand zu sehen.

Als ich mich wieder zurückdrehe, ist der Rezeptionist nicht mehr da. Es riecht nach Chlor, nach scharfem Putzmittel, nach Holzpolitur. Eine Uhr tickt. Der Tresen ist leer. Der Prospekt mit meiner Frage ist verschwunden.

Ich packe nicht einmal meinen Koffer. Ich stürze in die Villa, greife mir meine Strandtasche von der Garderobe und werfe die wenigen Dinge hinein, die ich am nötigsten brauche: meinen Geldbeutel, meinen Wohnungsschlüssel, mein Handy und meinen Rechner. Aus meinem Kulturbeutel ziehe ich den Personalausweis, den ich daheim in letzter Sekunde hineingeworfen hatte, für den Fall, dass der Don tatsächlich meinen Pass einzieht. Den Schlüssel zur Villa lasse ich auf der steinernen Kommode vor dem Garderobenspiegel liegen. Ich zerre meine Lederjacke vom Haken und werfe erst die Tür, dann das schmiedeeiserne Tor hinter mir ins Schloss. Der Taxifahrer, der mich zum Flughafen bringt, stellt keine Fragen. Ich buche mir mit dem Handy ein Ticket für das nächste Flugzeug, das nach Deutschland geht, dann starre ich in den Rückspiegel, bis mir die Augen tränen, aber niemand folgt uns, nicht einmal meine Leser.

Im Flugzeug schließe ich die Augen, den ganzen Flug über. Ich presse meinen Rücken in den Sitz und kralle meine Finger in die Lehnen. »Was hat die Frau?«, höre ich eine Kinderstimme fragen. Und eine Stimme murmelt: »Sie ist müde, sie schläft. Willst du nicht auch schlafen?«

Ich versuche, mir zu sagen, dass niemand uns aufhalten kann. Dass ich hier in Sicherheit bin. Niemand kann ein Flugzeug zur Umkehr und mich zum Aussteigen zwingen, niemand, auch ein Don nicht.

Aber gerade erscheint mir alles möglich.

Erst als das Flugzeug auf dem Münchner Rollfeld aufsetzt, lässt meine Anspannung langsam nach. Gleich habe ich es geschafft, gleich bin ich daheim. Was dann kommen wird, werden wir sehen. Soll der Don mir doch seine Anwälte hinterherhetzen, um mich zur Erfüllung seines Vertrags zu zwingen. Hauptsache, ich bin wieder zu Hause. In einer Stadt, die nicht plötzlich tonlos wird oder im Sand versinkt. Ich lächle dem Piloten zu, der in der geöffneten Tür zum Cockpit lehnt und trete hinaus auf die Gangway.

Ich mag diese schlauchartigen Tunnel nicht. Sie beklemmen mich mehr als das Fliegen selbst. Irgendwie erwarte ich, dass sie plötzlich nach unten krachen. Auch jetzt hefte ich den Blick auf den Boden und laufe so schnell wie möglich. Normalerweise ärgere ich mich über das Getrödel der anderen Fluggäste, die unkoordiniert ihr viel zu schweres und viel zu großes Handgepäck durch den Gang zerren. Aber niemand versperrt mir heute den Weg, niemand fährt mir mit seinem Rollkoffer in die Hacken. Meine Erleichterung hält nur kurz an, denn plötzlich fällt es mir auf. Vor mir, hinter mir, sind keine Passagiere. Ich bin allein.

Ich ahne es schon, bevor sich mit einem Zischen die Tür am Ende der Gangway öffnet. Ich müsste den Flughafen betreten, ein Gewusel aus Reisenden vor mir sehen, Kaffeestände und Läden mit Handtaschen und Zeitschriften. Da sollten Rolltreppen und Schilder sein, die zur Gepäckausgabe weisen.

Stattdessen betrete ich eine Küche.

Sie ist weiß und schlicht, der Kühlschrank brummt leise vor sich hin. Draußen vor dem Fenster geht gerade die Sonne über der Küstenstadt auf. Sie taucht die Häuser in warmes Licht. Eine Möwe segelt vorüber, in der Ferne rauscht die Brandung.

Ich muss gar nicht ans Fenster treten, es gibt keinen Zweifel. Ich bin wieder in der Villa des Don. Aber etwas hat sich verändert. Ich brauche einen Augenblick, bis ich es verstehe. Ich entdecke es, als ich automatisch nach der Dose mit dem Kaffeepulver greife, um die Kaffeemaschine zu befüllen und sie auf der falschen Seite öffnen will.

Alles ist spiegelverkehrt.

4

Ich bin verdreht.

Ich stehe vor dem Schminkspiegel im Badezimmer und starre mich an. Mein Muttermal ist auf der falschen Seite. Der Scheitel meiner Haare liegt anders. Mein weitsichtiges Auge ist plötzlich rechts und nicht mehr links. Auch mein Grübchen liegt jetzt auf der anderen Wange.

Ratlos sinke ich auf den Badewannenrand.

Ich weiß nicht, wie lange ich so dasitze. Als ich mich endlich erhebe, tue ich das Einzige, was mir einfällt: Ich beginne den Tag wie sonst auch. In meinem Zimmer liegen noch die Dinge, die ich bei meiner Abreise hinterlassen habe. Auf der Wäscheleine im Patio hängt mein getrockneter Bikini vom Vortag. Nur dass sein Verschluss jetzt andersherum schließt. Ich putze mir die Zähne mit einer elektrischen Zahnbürste, die falsch herum rotiert. Ich versuche, meine Haare so zu kämmen, wie ich es gewohnt bin, aber bei der ersten Kopfbewegung fallen sie wieder zurück in ihre spiegelverkehrte Position. Ständig greife ich in die falsche Richtung: nach Handtüchern, Garderobenhaken, Türklinken. Es überrascht mich selbst, wie sehr ich mich schon an die Anordnung der Dinge hier gewöhnt hatte.

Als ich auf die Straße hinaustrete, schlage ich automatisch die falsche Himmelsrichtung ein. Statt mich dem Parkplatz zuzudrehen, von dessen hinterstem Winkel aus die Treppenstufen zwischen den Häusern hindurch zum Meer hinunterführen, bin ich plötzlich den Bergen zugewandt. Die Sierra de Almijara zieht sich bis in die Ferne, ihre Gebirgskämme beulen sich in den blauen Himmel hinein. Irgendwo dort oben liegt Frigiliana, das weiße Dorf, das ich unbedingt einmal besuchen wollte. Es ist jetzt genauso spiegelverkehrt wie ich.

Ich warte auf Anna. Sie und der Don scheinen meinem Rhythmus zu folgen: Wenn ich zum Strand gehe, erscheint sie, zumindest normalerweise. Und wenn wir von dort zurückkehren, ruft der Don mich im Kabuff an.

Ich weiß gar nicht, wie ich die beiden sonst erreichen könnte. Das war fahrlässig von mir, ich brauche wirklich ihre Telefonnummern. Oder ihre E-Mail-Adressen, Instagram-Profile, ihre Facebook-Namen, irgendetwas, auch wenn ich mich gar nicht erinnern kann, wann ich das letzte Mal online war. Was ist, wenn sie beschließen, mich nie wieder zu kontaktieren? Oder wenn sie einfach wegbleiben?

So wie jetzt.

Anna müsste gerade die Straße herunterschlendern, wie sonst auch. Sie läuft immer in der Mitte der Fahrbahn, mit wippendem rotem Kleid. Aber da ist niemand, die Straße ist leer. Nur aus einer der Garagen höre ich Musik. Und vom am Hang gelegenen Swimmingpool des *Miguel Acabar* dringt Gelächter und Geplätscher zu mir herauf. Die Tür zur Rezeption ist verschlossen.

Ich gehe zurück ins Hausinnere, ich öffne und schließe und öffne und schließe lautstark die Haustür und trete wieder hinaus. Ich klappere mit meinen Absatzschuhen die Steintreppen hinunter, ich sperre wieder das schmiedeeiserne Tor auf, mit rasselndem Schlüsselbund.

Anna kommt nicht.

Sie ist auch nicht auf den einhunderteinundvierzig Treppenstufen. Nicht bei dem Irish Pub, von dessen Balkon uns die Katze vor die Füße fiel. Sie ist nicht am Strand und auch nicht im Wasser. Fragend stehe ich vor dem Meer. Es sieht heute schmuddelig aus, auf den Wellen ist zu viel Schaum. Die beigefarbene Gischt knistert unter meinen nackten Fußsohlen. Mein Blick fliegt zu den einheimischen Damen, die sich hinten beim Kajakverleih an der Wasserlinie aufgereiht haben. »Medusas!«, ruft eine Frau im wild geblümten Badeanzug und schwenkt drohend ihren Zeigefinger in meine Richtung.

Beim Aufstieg habe ich Schwierigkeiten, mich zu orientieren. Die Treppenkurven schwingen sich alle entgegen ihrem gewohnten Verlauf. Die Stadt liegt auf der falschen Seite, auf der Küstenstraße fahren die Autos im Linksverkehr. Und oben, beim *Miguel Acabar*, stehen die Leucht-buchstaben HOTEL, die ich von meinem Schlafzimmer nur von hinten sehe, plötzlich richtig herum.

Das bringt mich auf eine Idee.

Kaum zurück in der Villa, zerre ich meinen Laptop aus meiner Strandtasche. Ich öffne das Dokument, das mein neues Buch werden soll. Da stehen die Sätze herum, die ich mir gestern notiert hatte. Tatsächlich: Sie sind gespiegelt. Auch die Buchstaben auf der Tastatur sind falsch herum angeordnet. Dass mein Gehirn das ja eigentlich verstehen müsste, denke ich. Weil es ja nun auch auf der falschen Seite sitzt. Aber als ich versuche, meinen Namen zu tippen, gelingt es mir nicht.

Ich springe auf. Aus meinem Zimmer hole ich einen Stift und ein Notizbuch. Die Krakel, die ich dem Kugel-schreiber mit meiner rechten Hand abtrotze, sind kaum zu entziffern. Erst als ich den Stift in die linke Hand nehme, fühlt es sich plötzlich richtig an. *Ich bin jetzt Linkshände-rin*, schreibe ich. Ich nehme den Block auf und halte ihn dicht vor meine Augen. Meine Schrift sieht elegant aus. Fast gefällt sie mir noch besser als sonst. Nur dass sie noch komplett verdreht ist. Sie kippt auch nicht mehr nach hin-ten, sondern nach vorne. Vor allem aber muss ich sie rück-wärtslesen. Mein Kopf beginnt zu hämmern.

Es ist eine Sache, wenn man als Schriftstellerin gerade nicht schreibt.

Es ist eine völlig andere Sache, wenn man gar nicht schreiben KANN.

Als im unteren Stockwerk das Telefon zu klingeln beginnt, renne ich die Treppe hinunter. Ich stürze in das Kabuff und an den Hörer. Ich habe die Tür so heftig aufgerissen, dass die Taschenlampe an ihrem Wandhaken zittert. »Hören Sie, ich kann so nicht arbeiten«, fauche ich anstelle einer Begrüßung. »Es ist alles falsch herum!«

»Wie meinen Sie das?«, fragt der Don. Er klingt interessiert.

Eigentlich hatte ich erwartet, dass er mir droht. Dass er mich anruft, um mir rechtliche Schritte anzukündigen, wenn ich noch einmal versuche, gegen seinen Vertrag zu verstoßen. Aber er wirkt ganz entspannt, beinahe amüsiert. »Steht Ihre Welt Kopf?«, will er wissen. Ich könnte schwören, dass er am anderen Ende der Leitung schmunzelt.

»Nein, es ist alles wie im Spiegel! Selbst die Buchstaben sind verdreht!«, empöre ich mich.

»Aha«, macht der Don.

»Wie soll ich denn da schreiben! Und meine Muse ist auch verschwunden! Da können Sie sich Ihren ersten Satz mal direkt abschminken!«

»Moment, das haben wir gleich«, sagt der Don. »Ich erkundige mich beim Support.«

Ich höre ein Klicken. Dann kommt freundliche Musik aus dem Hörer. Eine Blechstimme sagt: *Ihre Verbindung wird gehalten. Ihre Verbindung wird gehalten. Ihre Verbindung wird gehalten. Ihre Verbi-* Wieder klickt es.

»Also, Folgendes: Sie müssen invertieren«, sagt der Don. »Es gab da einen Glitch bei Ihrem Fluchtversuch.«

»Ich muss was? Es gab einen was?«, sage ich.

»Einen Glitch. Eine Falschaussage in der Schaltungs-
logik. Aber das ist nur temporär, wenn Sie jetzt in-ver-tie-
ren. Verstehen Sie? Sie müssen von der Wirkung auf die
Ursache schließen.«

Das Hämmern in meinem Kopf wird stärker. Es gäbe so
vieles, was ich sagen müsste. Aber ich bringe gerade keinen
klaren Gedanken mehr zustande. Das ist kein Wunder, ich
habe seit gestern nicht mehr geschlafen.

»Hat Ihnen die Paella geschmeckt?«, fragt der Don, bevor ich selbst eine Frage formulieren kann. »Ich hoffe, Sie
haben sich eine zweite Portion geben lassen!«

Ich merke auf. »Geht das denn?«

»Sie müssen sich nur mit Ihrem leeren Teller bei der Feuerstelle einfinden. Ayo lässt sich da nicht lumpen. Danach
allerdings braucht man definitivamente einen Schnaps.«

»Nächste Woche dann«, höre ich mich sagen. Manchmal
überrasche ich mich selbst. Kaum zu glauben, dass eine KI
in der Lage sein soll, mich vorauszuberechnen. Und sei es
nur um 92,74 Prozent.

Auch der Don hat genau hingehört. »Das heißt, Sie bleiben noch?«

»Habe ich eine andere Wahl?«

»Selbstverständlich. Das steht doch in Ihrem Vertrag.«
Er klingt indigniert. Ich muss wirklich diesen Vertrag auftreiben.

Ich reiße mich zusammen. Ich muss mich konzentrieren. Es fällt mir erstaunlich schwer, die Worte auszu-

sprechen. »Was … was wollen Sie eigentlich mit meinem ersten Satz?«, stoße ich schließlich hervor.

Es knistert in der Leitung. Dann klickt es zweimal leise, als würde sich jemand zuschalten.

»Das steht doch in Ihrem Vertrag«, sagt der Don noch einmal. Sein Tonfall klingt genau gleich, wie bei einer hängen gebliebenen Schallplatte. Ich muss ihn da irgendwie rausholen. Vielleicht kann man seinem Geist einen Schubser versetzen, damit er aus seiner Denkrille in die nächste springt.

»Das Hotel gegenüber«, sage ich. »Das *Miguel Acabar*. Waren Sie da schon mal?«

Das Klicken in der Leitung setzt wieder ein. Es klackert jetzt wie ein Metronom. Dann auf einmal bricht der Lärm los. Ein Schwall aus sich überlagernden Stimmen sprudelt aus dem Hörer, in völlig unverständlichen Sprachen, ein vielstimmiges Gebrabbel, das immer wackliger wird und hoch über mir zusammenzustürzen droht. Schnell halte ich den Hörer von mir weg. Wieder klickt es, und mit einem Schlag ist es vorüber. Nur das Knistern in der Leitung ist noch da. Ich presse den Hörer an mein Ohr, um herauszufinden, ob der Don noch am Apparat ist. Ich halte die Luft an, ich krieche förmlich in das Knistern hinein. Ich kann ihn nicht ausfindig machen. Aber ich bin mir nicht sicher: Habe ich ihn je atmen hören?

»Hola?«, flüstere ich. »Señor Don?«

»Ich muss zu einer anderen Verpflichtung«, sagt der Don. »Hasta mañana.«

»Halt!«, rufe ich. »Wegen der Invertierung …«

»Gehen Sie einfach durch den Spiegel«, sagt der Don. »Das sollte die Sache richten.«

»Und meine Muse?«

Er seufzt. »Wir kümmern uns darum.«

Wieder stehe ich vor dem Spiegel im Badezimmer. Vorsichtig klopfe ich mit dem Knöchel gegen das Spiegelglas. Das Geräusch ist trocken und spitz, fast habe ich Angst, der Spiegel könnte zerklirren. Ich habe keine Ahnung, woraus Spiegel gefertigt sind, aus Aluminium oder Kunststoff oder Quecksilber oder woraus auch immer – in jedem Fall ist das hier eine harte Fläche, durch die ich nicht einfach hindurchspazieren kann.

Ich weiß nicht, wie der Don sich das vorstellt. Es wird einen lauten Knall geben, wenn ich seinem Rat folge. Überall werden Splitter herumfliegen. Will er, dass ich mich verletze? Und was meint er mit *Ursache und Wirkung*? Ist die Ursache, dass ich einen Vertrag unterschrieben habe, und die Wirkung, dass ich erst nach Hause kann, wenn ich ihn erfülle?

Ich will gerade das Badezimmer verlassen, als mich etwas zurückhält. Es ist die Erinnerung an Wahrscheinlichkeiten. Nichts von all dem, was mir widerfährt, seit ich das Angebot des Don angenommen habe, ist wahrscheinlich. Warum also sollte ich eine Raumspiegelung nicht umkehren können, indem ich die Koordinaten verändere?

Bevor ich es mir anders überlegen kann, nehme ich Anlauf und springe.

Ein Zucken fährt durch meinen Körper. Es fühlt sich an, als würde ich blitzartig tiefgekühlt und sofort wieder aufgetaut. Die Eiskammern bei Kryotherapien stelle ich mir so vor. Ich schnappe nach Luft, die Kälte beißt auf meiner Haut. Dann lande ich schon auf dem Boden des Badezimmers.

Ich halte mich am Badewannenrand fest und rapple mich auf, so schnell ich kann. Ich sehe es sofort, nicht nur an meinem Ebenbild im völlig intakten Spiegel. Es ist alles wieder an seinem Platz.

Oben auf der Terrasse stelle ich mich ins volle Sonnenlicht. Mir ist nicht mehr kalt, aber ich habe trotzdem das Gefühl, als müsste ich mich aufwärmen. Meine nackten Fußsohlen schmiegen sich an die aufgeheizten Terrakottaplatten der Terrasse. Ich spüre den Sommerwind auf meiner Haut, die Sonne wärmt meine Stirn. Ich winke dem Leser in der Palme des Nachbargrundstücks, er duckt sich verlegen zwischen die Wedel. Irgendwo schnarrt eine Zikade, eine Amsel zetert in den Weinreben. Die Meeresbrise raschelt im Olivenbaum. Ich kann selbst kaum glauben, wie erleichtert ich bin, wieder hier zu sein.

Ein leises Geräusch lässt mich aufhorchen. Es ist ein kaum wahrnehmbares Streichen, das von der seitlichen Terrasse zu kommen scheint. Ist da jemand? Das klingt nicht nach einem Tier. Vorsichtig trete ich durch den Torbogen, den die holzigen Ranken des Jasminstrauchs bilden. Das Streichen verstummt sofort.

Die Terrasse ist leer, aber in der Ecke steht ein Eimer mit vertrockneten Jasminblüten. Daneben lehnt ein roter Besen mit weißen Punkten. Ich drehe ihn in der Hand hin und her. Ich muss lächeln. »Anna?«, rufe ich. Sie beugt sich über die Brüstung der obersten Dachterrasse. Ihr Haar fällt ihr ins Gesicht, als sie zu mir herunterwinkt.

Anna wohnt jetzt auch hier. Wir reden nicht darüber und vielleicht ist es ja auch immer schon so gewesen. Sie schläft im Zimmer des Don. Morgens gehen wir zusammen zum Meer, danach frühstücken wir auf der Terrasse. Wenn die Sonne den Frühstückstisch erreicht, räumen wir ab, und ich setze mich unter der Markise an meinen Rechner. Annas Nähe beruhigt mich, ich schreibe endlich. Noch weiß ich nicht genau, wo das hinführen wird, aber es tut gut, endlich wieder richtig zu arbeiten.

Ich denke mir gerade ein Ende aus. Ich schreibe tatsächlich rückwärts.

Die Stadt verhält sich ruhig. Es gibt keine Störungen mehr. Das *Hotel Miguel Acabar* scheint geschlossen zu sein, den Rezeptionisten habe ich nicht mehr gesehen. Alles wirkt stimmig. Sogar die Sache mit dem Ungeziefer hat sich normalisiert. Als ich Anna davon erzählte, dass es keine Insekten zu geben scheint, runzelte sie die Stirn. »Willst du denn welche?«, fragte sie. Seither zeigt sie mir Gegenbeweise. Sie ruft mich, wenn sie irgendwelches Getier entdeckt. Und sie entdeckt viel! Von einem Croissant, das wir versehentlich nicht weggeräumt haben, hat eine Ameisenstraße den ganzen Zuckerguss abgesäbelt und trägt ihn stolz davon. Im Badezimmer flitzen plötzlich Silberfischchen herum, und an den überreifen Erdbeeren und heruntergefallenen Weintrauben nagen Wespen. Ich weiß gar nicht, wieso mir das vorher nicht aufgefallen ist. Am meisten faszinieren uns die Tigermücken. Anna hat eine CO_2-Falle im Patio aufgestellt, die, um die Mücken anzulocken, mit Menschenduft bespeist wird. Und gestern sind wir sogar einer Schlange begegnet. So hat mich noch nie jemand betrachtet, mit so einem goldenen Blick.

Abends gehen wir in die Stadt. Ich mag die Gassen, die zum *Balcón de Europa* führen. Alle putzen sich heraus, um hier zu flanieren. Die Frauen tragen bodenlange Kleider, die Herren gut sitzende Anzüge. In den Restaurants wird viel gelacht und gesungen. Besonders gern esse ich Spinatkroketten. Manchmal holen wir uns indisches Essen nach Hause und setzen uns damit auf die Dachterrasse. Wir trinken Cava mit Eiswürfeln, essen Kichererbsen und Lamm-Masala, beobachten die Lichter der ausfahrenden Fischerboote auf dem nächtlichen Meer und denken uns Geschichten über sie aus. Sie sind natürlich alle Piraten und Schmuggler.

Ich bin zufrieden. Ich verstehe gar nicht mehr, warum ich hier wegwollte. Dunkel erinnere ich mich, dass ich etwas in jenem Vertrag nachlesen wollte, von dem alle immer reden. Aber ich habe Wichtigeres zu tun. Und es gibt ja keine Eile.

Irgendwann würde ich gerne mal wieder zu Ayo gehen, aber ich habe keine Ahnung, wann Mittwoch ist. Zeit ist wirklich eine sehr subjektive Sache. Warum die Menschheit versucht, sie in ein Schema zu pressen, ist mir ein Rätsel.

Es ist spät in der Nacht. Wir sitzen am Pool und trinken 43, cuarenta-y-tres, einen Likör, den Anna uns mit kühler Milch und Eiswürfeln gemixt hat. Der Pool strahlt von den Scheinwerfern, die der Don unter Wasser hat anbringen lassen. Auf dem Nachbargrundstück ist eine Party, die Bässe wummern zu uns herüber, die Schallwellen bilden Kräusel auf der leuchtenden blauen Fläche. Vorhin hat jemand eine leere Rotweinflasche über die Mauer geworfen, sie hat uns nur knapp verfehlt. Ich habe meine Füße ins Wasser getaucht und betrachte meine Zehen, deren Anblick sich mit jeder neuen Welle verformt.

»Unten im Ort denken sie bestimmt, der Krach kommt von uns«, sage ich.

»Das erhöht nur deine Street Credibility«, kontert Anna. Wir lachen.

»Mir gefällt es hier«, sage ich. »Vielleicht schreibe ich wirklich einen Roman, der nicht aufhört.«

»So wie Proust? *Auf der Suche nach der verlorenen Zeit*?«

»Länger!«

»Eine unendliche Geschichte?«

Ich nicke. »Einen endlosen Roman! Ich schreibe einfach ewig weiter rückwärts und höre nie auf! Dann gibt es nie einen ersten Satz, und wir können für immer …«

Das ist der Moment, in dem die Sirenen einsetzen. In der Ferne gibt es einen Knall, und helles Licht gleißt auf. Die Druckwelle fährt durch meine Haare und presst meinen Oberkörper nach hinten auf den Boden. In meinen Ohren schrillt es.

Ich versuche, mich aufzurichten.

Anna ist verschwunden, ihr Glas schwappt im Pool, der Eiswürfel schlägt gegen die Beckenwand. Mein Puls hämmert gegen mein Handgelenk. »Anna!?«, brülle ich gegen das Plärren der Sirenen an. Knatternde Hubschrauber kreisen über der Stadt. Meine Schulter schmerzt vom Aufprall auf dem Boden. Wieder gibt es eine Detonation, sie ist näher als die vorige, ich kann spüren, dass das Fundament des Hauses zittert. Ich springe auf und rutsche mit meinen nassen Füßen fast auf dem glitschigen Poolrand aus. Ich kralle mich an der Wand des Wassertanks fest und richte mich auf.

Die Berge glühen. Ich weiß, dass das hier keine Vulkane sind, aber ich sehe die Lavawalze, die sich von den Gipfeln abwärtsschiebt. Über der Stadt gleißt ein merkwürdiges ultraviolettes Leuchten, die weißen Häuser flirren grell, wie unter Schwarzlicht. Wieder donnert es.

Drüben auf dem Dach des *Hotel Miguel Acabar* flackern die Leuchtbuchstaben wie unter Stromstößen. Fast ist es, als würden sie mich rufen. Und ich zögere nicht, ich renne am Poolrand entlang zur Terrasse des Donschen Schlafzimmers. Von dort schwinge ich mich über das Mäuerchen, stolpere die Außentreppe hinunter, hin zum schmiedeeisernen Tor. Es ist verschlossen, aber das kann mich nicht aufhalten. Ich kralle mich in die gusseisernen Ornamente, klettere über den spitzen Zaun und reiße dabei ein Loch in mein Kleid. So schnell ich kann, renne ich auf das *Miguel Acabar* zu und hämmere gegen die Tür. »Aufmachen!«, brülle ich. »Open up! Ayuda! Hilfe!«Und tatsächlich: Als die Sirenen für den Bruchteil einer Sekunde aussetzen, höre ich schlurfende Schritte im Gebäude. Jemand dreht den Schlüssel um, die Tür springt auf, der blinde Rezeptionist tritt zur Seite, und ich taumle an ihm vorbei in das Innere des Hotels.

Ich zittere am ganzen Körper. An meinen Füßen ist Blut, ich muss mir auf der Straße die nackten Fußsohlen aufgerissen haben. Mit meinen Händen umklammere ich den Holztresen der Rezeption und versuche, mich zu beruhigen.

»Danke«, stammle ich, als ich endlich wieder zu Luft komme. »Muchas gracias!« Aber ich bin nicht zu hören. Ich bin im schalltoten Raum, wie zuvor. Die Sirenen sind verstummt. Hier drin herrscht absolute Stille. Nur in meinen Ohren ist noch dieses Schrillen.

Der Rezeptionist legt mir seine Hand auf die Schulter. Ich kann seine Augen hinter seiner blickdichten schwarzen Sonnenbrille nicht einmal erahnen, aber sein Gesicht sieht mitleidig aus.

Und diesmal weiß ich, was ich tun kann. Es gibt einen großen Unterschied zum letzten Mal: Er weiß, dass ich hier bin.

Ich lege meine zitternde Hand auf seinen Arm. Sein Wollpullover ist überraschend weich und kühl unter meiner Haut. Dann gehe ich langsam um ihn herum, bis ich hinter ihm stehe. Er will sich mir zuwenden, aber ich stoppe ihn in der Bewegung. Sanft lasse ich meine Hand auf seinem Rücken ruhen. Dann beginne ich. Der erste Buchstabe, den ich zeichne, ist ein W. Ich warte einen Augenblick. Der Rezeptionist nickt.

W I E, schreibe ich, R A U S?

Ich habe keine Ahnung, ob er Deutsch versteht. Und einen Moment lang geschieht tatsächlich nichts. Dann endlich dreht er sich zu mir um. Ich kann mich selbst in den Gläsern seiner Sonnenbrille erkennen. Sein Schnauzbart wirkt grauer als beim letzten Mal. Er nickt mir zu, und ich drehe mich von ihm weg. Ich spüre seine Hand auf meinem Rücken und schließe meine Augen.

Das E kann ich schnell erraten, auch das X.

E X I T, schreibt er. Und dann: CUBICULO.

Cubiculo? Was soll das sein? Ein Restaurant, ein Ort? Ein Behälter? Eine geometrische Form, so wie der Zauberwürfel, der auf Englisch *Rubik's Cube* heißt? »¡No hablo español!«, rufe ich. Aber natürlich bleibe ich stumm. Und trotzdem scheint er mich zu verstehen. Er greift meine Hand und führt mich um den Tresen herum. Wir treten direkt vor die holzverkleidete Wand. Erst jetzt sehe ich die Rillen in der Vertäfelung, mein Mund formt einen lautlosen Überraschungsruf, und der Rezeptionist nickt. Seine Hand tastet nach dem Scharnier, und eine Tür springt auf.

Den Raum, den sie freigibt, verstehe ich nicht. Er ist viel zu groß, mit gewölbten Decken, ein ganzer Saal voller hoch aufragender Bücherregale, die sich über die Wände ziehen und labyrinthische Gänge formen. Das Größenverhältnis der Architektur stimmt nicht, der ganze Schwerpunkt des Gebäudes ist jetzt falsch. Der Saal kann gar nicht hier sein, er würde über den Abhang ragen und das komplette Gebäude in die Tiefe reißen, aber ich ahne, dass Grenzen von Logik hier nicht gelten. Ich folge dem Rezeptionisten in die Tiefe der Bibliothek hinein, wir tauchen unter Brücken aus Bücherregalen hindurch, bis wir endlich vor einem dunklen, verglasten Schrank stehen bleiben.

Der Rezeptionist zückt seinen Schlüsselbund, entsperrt die Glastür und klopft von unten gegen den obersten Regalboden. Mein Blick fliegt über die Buchrücken und da steht es: ein abgegriffenes Wörterbuch, spanisch/englisch. Ich zerre es heraus und beginne zu blättern. Cubiculo. Cubicle. Natürlich. Ich hätte es mir denken können.

Er meint das Kabuff.

Der Himmel fluoresziert noch, als ich das *Miguel Acabar* verlasse. Die Geräusche schwappen über mir zusammen. Ich höre, wie der Rezeptionist die Tür des Hotels zuzieht und mit seinem rasselnden Schlüsselbund verschließt. Sirenen heulen, Hubschrauber kreisen. Sie leuchten mit ihren Suchscheinwerfern die Küstenstraße und die Gassen ab, ganz systematisch. Einer der Hubschrauber fliegt gerade dicht über den Parkplatz bei der Villa des Don. Ich warte, bis der Lichtkegel vorübergezogen ist, dann sprinte ich zum schmiedeeisernen Tor.

Im Kabuff ist es staubig, ich war lange nicht mehr hier. Der Don hat mich, seit ich durch den Spiegel gegangen bin, nicht mehr angerufen. Ich öffne die Tür weit. Auf den ersten Blick kann ich darin nichts erkennen, was einem Ausgang gleichen würde. Keine Tür, keinen geheimen Gang, kein Scharnier wie drüben im *Miguel Acabar*. Oder doch? Ich beuge mich vor. Mit meiner flachen Hand klopfe ich die Wände ab. An den Seiten kann ich nichts finden. Aber die Decke klingt hohl. Ich greife mir den Besen von seinem Haken an der Wand. Sicherheitshalber poche ich noch einmal mit seinem Stiel gegen die Decke. Kein Zweifel, das ist ein Hohlraum. Eine doppelte Decke, das muss es sein. Nichts Stabiles, schnell eingezogener Trockenbau, Rigips vielleicht. Jetzt verstehe ich, warum man sich hier nicht aufrichten kann.

Ich balle meine Hände um den Besenstiel und stoße zu. Schon beim zweiten Stoß bricht die Decke durch. Ich werfe den Besen zur Seite und reiße mit meinen bloßen Händen die erste Platte der Verkleidung ab. Das Telefon beginnt zu meinen Füßen zu klingeln, schrill und schriller, aber ich gehe nicht ran. Ich ruckle an der Verkleidung herum, Gips bröselt mir von oben ins Haar, es staubt, ich muss husten, aber ich zerre und ziehe weiter, bis die letzte Platte in einem Stück herunterbricht.

Die Tür ist erhöht in die Wand einmontiert, fast wie ein Safe. Sie ist aus blankem Metall. Sie hat keine Klinke, kein Schlüsselloch, keinen Türgriff, nichts. Daneben ist im Mauerwerk ein kleiner metallener Kasten eingelassen. Sein Display leuchtet. Das, was mir entgegenstrahlt, ist der Umriss des Waschbären mit seiner erhobenen Tatze.

Ich zögere nur kurz. Dann drücke ich auf seine Nasenspitze.

»Code eingeben«, sagt eine Stimme und ein digitales Zahlenfeld strahlt auf.

Ich fluche. Schon will ich etwas eingeben, irgendetwas, 000 oder mein Geburtsdatum, ich recke den Zeigefinger in Richtung Display, aber da donnert es draußen. Die Wände des Kabuffs erzittern, direkt neben mir kracht ein Stück Rigips auf den Boden, und ich halte inne.

Wer weiß, wie viele Versuche ich habe.

Wer weiß, was passiert, wenn ich den Code falsch eingebe.

Ich muss nachdenken.

Für wen ist diese Geheimtür gemacht? Das hier, das ist ganz offensichtlich ein Notausgang. Für den Don kann sie nicht sein, er kontrolliert ohnehin alles, so viel habe ich inzwischen begriffen. Und Anna, nein, Anna kommt auch nicht infrage. Sie erscheint und verschwindet nach eigenen Regeln.

Egal wie ich es auch drehe und wende, mir fällt nur eine einzige Person ein, für die dieser Notausgang angefertigt worden sein könnte: ich selbst. Und wenn, folgere ich weiter, *wenn* dieser Ausgang für mich erschaffen wurde, dann muss ich auch die Zahlen kennen. Oder ich muss zumindest Zugang zu ihnen haben. Sie müssen sich hier irgendwo im Haus befinden. Aber wo? Mir fällt nichts ein. Ich kenne die Villa inzwischen wie meine Westentasche, ich habe alle Schubladen aufgezogen, alles betrachtet, alles vermerkt. Ein Notizzettel mit Zahlen (vielleicht sogar in meiner Schrift?) wäre mir aufgefallen.

Aber wo kann ich sie sonst finden?

In meinem Ohr ist noch immer das Schrillen, mein ganzer Körper schmerzt, die Luft im Kabuff ist stickig, ich kann kaum atmen. Am liebsten würde ich einfach zu Boden sinken und nie wieder aufstehen. Aber da spüre ich das Grollen. Es fühlt sich an, als würde eine U-Bahn unter der Villa hindurchfahren. Nur dass es in Nerja keine U-Bahn gibt.

Denken, ich muss nachdenken.

»92,74 Prozent«, höre ich den Don sagen. Einen Versuch ist es wert.

Meine Hand zittert, als ich es eintippe: 9274.

»Code unvollständig«, sagt die Stimme.

Und tatsächlich, jetzt sehe ich es. Sieben Felder leuchten vor mir auf. Ich brauche sieben Zahlen, es fehlen noch drei. Mein Blick irrt durch das Kabuff. Was könnte das sein? Ich starre an die Decke, die richtige Decke, die sich jetzt hoch nach oben zieht und von unten die Stufen der Marmor-treppe nachformt.

Die Stufen. Natürlich, das muss es sein! Die einhundert-einundvierzig Stufen, die vom Meer hier herauf führen. Es muss einen Grund geben, warum sich mir diese Treppen so ins Bewusstsein gebohrt haben, warum ich jedes Mal, wenn ich sie betrete, über diese Zahl nachdenke.

Ich atme tief durch.

9 274 141.

Mein Zeigefinger zittert, als ich die Kombination eingebe. Ich drücke auf Enter. Der Waschbär erscheint auf dem Display. Sein Maul ist zu einem Lächeln verzogen, seine Tatze winkt. Mit einem leisen Surren springt die Tür auf. Ein tiefer Gang öffnet sich dahinter. Die Luft, die mir entgegenschlägt, ist brackig und abgestanden. Draußen donnert es wieder, ich kann spüren, dass unter mir der Boden bebt. Ich greife in die Öffnung und ziehe mich hoch. Der Gang ist pechschwarz. »Ich hätte die Taschenlampe mitnehmen sollen«, denke ich noch. Dann weht mir ein Stoß kühle Zugluft entgegen, und ich schließe im Reflex meine Augen.

Als ich sie wieder öffnen will, gelingt es mir nicht. Etwas ist um meinen Kopf herumgespannt, es liegt auf meinen Augenlidern und fühlt sich an wie Metall. Und noch etwas stimmt nicht. Es ist, als hätte jemand die Perspektive gekippt. Ich spüre plötzlich die Wand unter mir. Ich stehe nicht mehr, ich liege.

Eine Stimme sagt: »Sie ist hier.«

5

Annas Gesicht ist dicht über mir. Sie trägt einen weißen Kittel mit einem Namensschild. *Dr. Christine Opper.* Neben den Buchstaben ist ein Logo eingeprägt. Ich erkenne die Umrisse. Es ist das Siegel, das ich am Himmel gesehen und auf dem Display wiedererkannt hatte: der Waschbär mit der erhobenen Tatze.

»Wo … wo bin ich?«, flüstere ich. Meine Stimme klingt, als hätte ich längere Zeit nicht gesprochen.

Die Frau, die aussieht wie Anna, verzieht keine Miene. »Sie sind im Institut für Künstliche Realität und Lebensforschung«, sagt sie und löst das Metallgestell, das um meinen Kopf gespannt war. »Bleiben Sie ruhig, Sie müssen sich erst orientieren.«

Ich richte meinen Blick zur Decke. Der Raum ist niedrig, das Licht der Neonröhren gleißt mir in die Netzhaut. Außerdem schwebt eine Art Ringlicht über mir, fast wie beim Zahnarzt. Es ist viel zu nah und zu grell, mein rechtes Auge beginnt zu tränen. »Was macht ihr Puls?«, höre ich einen Mann fragen. Er lässt das R tief in seinem Rachen herumgurgeln. Wahrscheinlich ist er Amerikaner. Oder er wäre zumindest gerne einer.

»Beruhigt sich langsam wieder«, sagt Dr. Christine Opper. Sogar ihre Stimme klingt ein bisschen wie die von Anna. Aber sie ist höher und irgendwie dünner. Es fehlt die Wärme. Ihr ganzer Tonfall ist kalt.

Der Mann beugt sich über mich. Seine Wangen hängen

wie die Lefzen einer Bulldogge zu mir herunter. Ich drücke mich automatisch tiefer, damit sein schwabbeliges Wangenfleisch mich nicht streift. Aus seiner linken Augenbraue sticht ein weißes langes Haar. Seine Nase ist spitz und lang und großporig.

»Sie können sich noch nicht an mich erinnern«, sagt er. »Fazer mein Name, Dr. Fazer.« Er spricht seinen Namen amerikanisch aus: Phäisa.

»Wie schreibt man das«, will ich wissen. »Wie die Waffe bei *Star Trek*?«

Dr. Fazer und Dr. Christine Opper tauschen Blicke aus.

»Was ist denn?«, frage ich.

»Genau das haben Sie letztes Mal auch gefragt«, sagt Dr. Fazer.

Ich kann mich daran nicht erinnern, aber ich werde mich hier nicht so leicht aus der Ruhe bringen lassen. »Na, und?«, will ich wissen.

»Was und?«

»Was haben Sie mir da geantwortet?«

Er schüttelt den Kopf. »Kommen Sie erst mal zu sich«, sagt er, und seine Schwabbelwangen schwingen aus meinem Blickfeld. Hinter mir raschelt etwas, dann höre ich das Quietschen eines Stuhls oder Hockers, der zu mir herangerollt wird.

»Anna?«, frage ich.

»Wer?«, will Dr. Christine Opper wissen. Sie beäugt mich von schräg oben, mir gefällt ihr Blick nicht. Er ist genau so kalt wie ihre Stimme.

»Nichts«, murmle ich und beiße mir auf die Lippe. »Sie sehen nur aus wie jemand, den ich kenne.«

»Das kommt vor«, sagt sie. »Ich war die letzte Person, mit der Sie gesprochen haben, bevor Sie verschickt wurden. Manchmal passieren da Imprints.«

Ich habe keine Ahnung, wovon sie redet, aber das werde ich ganz bestimmt nicht zugeben. Als ich versuche zu nicken, merke ich, dass mein Nacken schmerzt. Vorsichtig will ich mich aufrichten, aber meine Handgelenke und Fußknöchel stecken in Metallmanschetten, die mich an die Bahre fesseln.

Ich darf jetzt nicht in Panik verfallen. Es kann ja nicht so schwer sein, hier losgebunden zu werden. Sie behandeln mich nicht wie eine Gefangene, eher wie eine Privatpatientin. Also sollte ich mich auch so benehmen.

»Ich muss mal«, quengle ich.

»Das kann nicht sein«, sagt Dr. Christine Opper.

»Wohl!«, rufe ich.

Sie seufzt. Dann gibt es ein Ruckeln, und irgendeine Mechanik faltet meine Bahre in Sitzposition. Mit einem Zischen lösen sich die Manschetten von meinen Gelenken, und ich rutsche eilig vom Sitz.

Der Raum ist viel größer, als ich dachte. Die Decke hängt niedrig, aber sie zieht sich so tief in die Ferne, dass ich nicht erkennen kann, wo sie an eine Wand angrenzt. Ich hatte mit einer Art Praxiszimmer gerechnet, oder mit einem OP-Saal. Aber das hier ist fast ein Tunnel. Hinter weißen Paravents aus Milchglas leuchten Strahler. Ein paar Schemen zeichnen sich dort ab, aber ich kann nicht sehen, was oder wer sich hinter dem Glas befindet. Die Seitenwände des Tunnels sind weiß gekalkt, etwa alle vier Meter befindet sich links und rechts eine Tür. Es gibt keine Beschilderung.

Dr. Christine Opper deutet mit ihrem spitzen Finger auf eine Tür an der rechten Seite, etwa zwanzig Meter von hier. Ich nicke stumm und setze mich in Bewegung. Beim ersten Schritt kippe ich fast aus dem Gleichgewicht. Anscheinend bin ich schon länger nicht mehr gelaufen. Ich fühle mich wie ein Roboter, dessen Bewegungsmechanik nicht anspringt. Über mir blinkt etwas. Ich sehe hoch und kann erkennen, wie sich eine Kamera nach mir ausrichtet und ihre Linse auf mich fokussiert. Ich senke den Blick, aber ich lasse mich nicht beirren. Ich setze Fuß vor Fuß. Erst jetzt sehe ich, dass ich ein bodenlanges weißes Gewand anhabe. Das Material ist ungewöhnlich, es könnte Papier sein. Es raschelt bei jedem Schritt. Meine Füße stecken in Plastikbeuteln, deren Gummiband meine Knöchel umschließt. Ich kann es nicht genau erkennen, aber ich glaube, dass ich darin barfuß bin. Meinen Blick hebe ich erst wieder, als ich die Badezimmertür hinter mir zuziehe. Ein Schlüssel steckt im Schloss. Rasch drehe ich ihn um und atme aus.

Der Toilettenraum ist erstaunlich groß. Alles hier drin ist weiß oder aus Stahl. Links und rechts an den Wänden erstrecken sich zehn Klokabinen in die Tiefe. Sie sind grell ausgeleuchtet und haben eine fast unheimliche Symmetrie. Die Klodeckel sind eckig und alle geschlossen, das Klopapier ist überall mit genau eineinhalb Blatt von der

Rolle gewickelt. Die Türen stehen offen, sie befinden sich im exakt gleichen Winkel. Ein Rauschen liegt in der Luft, fast als würde ich mich in einem Flugzeug befinden. Ich seufze und stütze mich auf dem Rand eines der fünf nebeneinander montierten, identischen Waschbecken ab.

Mir bleibt nicht viel Zeit, mich zu orientieren.

Sie sagen, dass ich mich erinnern werde, aber ich erinnere mich nicht. Trotzdem: Es muss etwas geben, das mir helfen kann. Und ich bin mir fast sicher, dass ich weiß, was es ist. Bisher folgte alles, was mir widerfahren ist, einer gewissen Logik. Ich muss nur daraufkommen.

»Streng dich an«, flüstere ich und hebe meinen Blick.

Mein Spiegelbild sieht eigentlich aus wie sonst auch. Mein Haar ist zu einem französischen Zopf geflochten, ich bin geschminkt. Sogar mein Lippenstift wirkt frisch aufgetragen. Als ich an meinen Achseln schnuppere, riechen sie frisch gewaschen. Ob Dr. Christine Opper das gemacht hat? Bei dem Gedanken muss ich mich schütteln.

Ich recke meine Hände unter den Bewegungsmelder des Hahns und lasse kaltes Wasser über meine Handgelenke laufen. Ich habe keine Ahnung, wo ich hier bin. Ist das das Institut, von dem der Don gesprochen hat? Was ist ein Imprint? Und wieso sehe ich überall diesen verdammten Waschbären?

Jemand klopft von außen gegen die Tür, aber ich ignoriere es. Ich will da nicht wieder raus. Vielleicht sollte ich, wenn ich schon mal hier bin, wirklich aufs Klo gehen. Anna hat mir, als wir unlängst in der Stadt Pata Negra essen waren und überlegten, noch auf ein Pistazieneis zum Balkon zu schlendern, gesagt: »Aufs Klo geht man, wenn man kann, nicht erst, wenn man muss.«

Das Merkwürdige ist: Ich muss gar nicht. Wie kann das sein? Einen Katheterbeutel habe ich zumindest nicht an mir dranhängen. Und Windeln, davon überzeuge ich mich, trage ich unter dem seltsamen Papiergewand auch keine.

Jemand rüttelt an der Tür. »Gleicheich«, flöte ich.

Ich muss Zeit gewinnen. Das ist das Einzige, was mir gerade einfällt. Ich brauche Zeit. Ich brauche Informationen. Ich brauche Kaffee.

Als ich die Tür öffne, steht Dr. Christine Opper vor mir. Sie hat ihre Arme vor dem Brustkorb verschränkt und die Augen zusammengekniffen. Ihr Mund ist vor Missbilligung ganz schmal. Sie sieht immer weniger aus wie Anna.

»Haben Sie mal den Vertrag?«, sage ich. »Ich würde gerne etwas nachlesen.«

Ich bin ganz begeistert von mir. Keine Ahnung, woher diese Eingebung kam.

Dr. Christine Opper schnaubt. »Daran darf ich Sie nicht hindern«, zischt sie. »Aber ich halte das für keine gute Idee.«

Ich zucke mit den Schultern und lächle sie an. »Jeder kann sich mal irren«, sage ich freundlich. Sie dreht sich auf dem Absatz um und stapft davon. »Und einen Kaffee hätte ich gern!«, rufe ich ihr nach. »Sie wissen ja, wie ich ihn trinke.«

Ich sitze hinter einem der Glasparavents in einem weißen Lehnsessel. Auf einem niedrigen Beistelltischchen dampft meine Tasse Kaffee. Eine einzelne weiße Nelke steckt in einer zylindrischen Vase. Irgendwo rauscht auch hier ein Belüftungssystem vor sich hin, aber ansonsten ist es verdächtig still. Als wäre niemand außer mir in diesem weißen Tunnel. Es riecht chemisch, nach Putz- oder Betäubungsmitteln.

Der Vertrag. Ich kann gar nicht glauben, dass ich ihn endlich in den Händen halte. Kein Wunder, dass ich ihn nicht finden konnte, wenn er die ganze Zeit über hier war. Hier und nicht, wie soll ich es nennen, DRÜBEN.

Ich nehme einen Schluck Kaffee. Die Wärme tut mir gut. Vorsichtig beginne ich zu blättern. Der Heftordner, den sie mir gegeben haben, ist ziemlich dick. Der Vertrag muss viele Paragraphen abdecken. Auf jeder Seite kann ich mein Kürzel sehen, hingekritzelt mit grünem Füller. Hastig schlage ich die letzte Seite auf. Es gibt keinen Zweifel: Das ist meine Unterschrift, unterzeichnet in Bern, an irgendeinem dreißigsten Dezember. Nur dass ich dieses Dokument noch nie in meinem Leben gesehen habe. Und in Bern war ich auch noch nie.

Ich hätte jetzt gerne einen Keks oder ein Stück Schokolade. Selbst ein Hustenbonbon wäre mir recht, irgendetwas mit Zucker, das meine Nerven beruhigt, aber ich will die Opper nicht herbeirufen. Ich bin froh, dass sie aus meinem Sichtfeld verschwunden ist.

Ich lehne ich mich zurück und widme mich der ersten Seite. Vertragspartner sind das *Institut für Künstliche Rea-*

lität und Lebensforschung, IfKRuL GmbH, und ich. Sitz des Instituts ist die Schweiz. Von einem Don und einer Villa in Andalusien steht da nichts.

Angeblich habe ich das Institut beauftragt, mich in eine andere Lebenswirklichkeit zu versetzen. Die Gestaltung dieser Lebenswirklichkeit erfolge gemäß den vorher verbindlich vereinbarten Parametern, tonangebend sei hierbei die *Wunschvorstellung des*der Klient*in*.

Es folgt eine lange Liste möglicher Gesundheitseinbußen, die ich offensichtlich alle bereit war zu akzeptieren. IfKRuL hafte, steht da, nicht für potenzielle Schäden an der *körperlichen Hülle*. Muskelschwund und Wundliegen aber würden per EMS-Training explizit ausgeschlossen, anscheinend durch regelmäßig abgegebene Elektroimpulse an die Muskeln. Zusätzlich garantiert IfKRuL *kontinuierliche Vorsorgeuntersuchungen (u. a. gynäkologisch, dental, endokrinologisch) während der Abwesenheitsdauer.* Das erklärt auch, warum da ein Ultraschallbild meines Uterus beigefügt ist, dessen Datum weit hinter dem Zeitpunkt der Vertragsunterzeichnung liegt.

Als ich auf der vierten Seite angekommen bin, bricht mir der Schweiß aus. Sehe ich das richtig, dass ich das Institut im Falle eines Organversagens zum Alleinerben gemacht habe? Ich muss verzweifelt gewesen sein, als ich das unterschrieben habe.

»Alles in Ordnung?«, fragt Frau Dr. Christine Opper.

Ich zucke zusammen, ich habe sie gar nicht kommen hören. Konnte ich auch nicht. Ihre Stimme kommt aus einem fast unsichtbaren Lautsprecher, dessen filigrane Membran in das Beistelltischchen integriert ist.

»Ich hätte gern einen Keks«, sage ich.

»Sie müssen auf Ihre Blutzuckerwerte achten«, schnarrt sie.

Natürlich weiß sie das. Sie weiß wahrscheinlich gerade besser über meinen Körper und über mein Leben Bescheid als ich selbst.

»Ich will trotzdem einen Keks«, beharre ich.

Sie stöhnt. Dann schnarrt es in dem Tischchen und aus der runden Tischplatte erhebt sich eine Etagere. Scones, Erd- und Himbeeren, Marmelade, Clotted Cream, Apfelschnitze, dreieckig zurechtgeschnittene Gurkensandwiches ohne Kruste und in Blütenform gerollter Cheddarkäse sind auf den silbernen Tabletts drapiert. Habe ich irgendwo angekreuzt, dass ich im Falle meines Erwachens – oder *Ausreisens*, wie sie es hier nennen – britische Verpflegung haben möchte? Das wäre dann, so wie ich es absehen kann, meine erste gute Entscheidung gewesen.

Ich schnappe mir ein paar Käseblüten und lese kauend weiter. Meine Erinnerung ist noch nicht zurückgekehrt, nicht einmal ansatzweise. Ich beginne mich zu fragen, ob ich mich überhaupt erinnern *will*. Wenn ich bereit war, das alles hier in Kauf zu nehmen, dann kann mein wirkliches Leben so großartig nicht sein.

Bin ich überhaupt Schriftstellerin?

Im Falle einer willentlich herbeigeführten Ausreise erhält der*die Klient*in die ihm*ihr zustehenden tagesaktuellen

Informationen, privat und global. Global? Damit könnte ich doch beginnen. Es kann ja nicht schaden, mal zu gucken, was mit der Welt so los ist.

»Frau Dr. Opper?«, sage ich zu dem Paravent aus Milchglas.

»Fazer hier«, dröhnt die Stimme des amerikanischen Arztes aus dem Beistelltischchen. »Sie wünschen?«

»Ich möchte gerne eine aktuelle Tageszeitung«, sage ich.

Es knackt im Lautsprecher.

Dann erscheint das Titelblatt der *Nürnberger Nachrichten* auf der Milchglaswand. Probehalber wische ich mit der Hand nach links. Tatsache: Die Zeitung springt zur zweiten Seite. Das ist kein Paravent, das ist ein riesiges, digitales Tablet! Ich wische zurück und versuche, in den Titel hineinzuzoomen. »Ich kann das Datum nicht erkennen«, rufe ich. Niemand antwortet.

Ich runzle die Stirn und beginne zu lesen. Die Welt scheint nicht untergegangen zu sein, zumindest noch nicht. Waldbrände, Überflutungen, Kriege, Terror, Erdbeben. Wahrscheinlich ist gerade Sommer, wir befinden uns in einer Hitzewelle, überall herrscht Wassernot. Gärten dürfen nicht mehr gegossen und Schwimmbäder nicht befüllt werden. Auf den Feldern verdorrt der Weizen. Jemand hat auf den Hauptbahnhof in Berlin einen Anschlag verübt, Giftgas. Jugendliche begehren auf, es gibt Ausschreitungen in Köln. Eine neue Pandemie kommt auch immer wieder vor, Impfstoffe, Abriegelungszonen, Schutzanzüge, Verhaltensregeln, aber mir sagt das alles nichts.

Viel interessanter finde ich die Frage, warum das Institut mir gerade diese Lokalzeitung vorsetzt. Lebe ich etwa in Nürnberg? Als ich versucht habe, nach Hause zu fliegen, habe ich ja einen Flug nach München gebucht, das ergäbe dann Sinn. Probehalber lausche ich in mich hinein, aber wenn ich ehrlich bin, habe ich kein Bild von der Stadt. Es ist, als hätte es sie nie gegeben. Oder anders: als hätte es *mich* nie gegeben. Als hätte ich keine Wurzeln, gar keine. Ich bin nicht geboren worden. Ich bin nirgends aufgewachsen. Ich existiere nur in der Villa des Don.

Ich vermisse Nerja. Ich vermisse das Meer und den Blick und meine Leser in den Palmen. Ich vermisse die Paella von Ayo. Sogar den Don vermisse ich. Und den blinden Rezeptionisten im *Miguel Acabar*. Am allermeisten aber vermisse ich Anna.

Wäre es denn so schlimm, wenn sie alle nur eine Simulation wären? Oder was auch immer ein Institut für Künstliche Realität so veranstaltet.

Ein Bild taucht vor mir auf. Ein kleines Mädchen mit Zöpfen und dicken Brillengläsern, das zwischen Schaufensterpuppen sitzt und eifrig in ihrem Buch blättert. Die Mutter geht im Hintergrund Mäntel an Kleiderstangen durch. Draußen deuten Passanten lachend auf das lesende Mädchen im Schaufenster, aber sie nimmt die Welt um sich herum gar nicht wahr. Vielleicht war das ich.

Wenn man mir anbieten würde, in ein Buch einzuziehen, würde ich das nicht tun? Es käme natürlich auf das Buch an, aber: Würde man mich einfach lesen lassen, für immer –

wäre das nicht mein Traum? Wie hat der Don es formuliert? *Sie verschwinden gern.* Vielleicht ist es das, was mich hierhergetrieben hat: die Sehnsucht nach dem Verschwinden.

Ich schließe meine Augen. Als ich sie wieder öffne, ist das Milchglas des Paravents hell und leer.

»Dr. Phäisa«, sage ich ins Nichts hinein, »wir müssen reden.«

Er sitzt mir gegenüber und sieht mich an. Sein Blick wirkt bekümmert, aber das kann an seinen hängenden Wangen liegen. »Wie kann ich Ihnen helfen?«, sagt er.

»Wie schreibt man Ihren Namen?«, will ich wissen. Es ist ein Test.

Er antwortet nicht sofort, aber sein Gesichtsausdruck hat sich unmerklich verändert. Er wirkt jetzt wachsam. »Fazer«, sagt er schließlich. »Fazer, nicht Phaser. Und nein, ich habe Star Trek nie gesehen.«

Ich nicke. Anscheinend ist er jetzt bereit, mit mir zu reden.

»Ich kann mich noch nicht wieder erinnern«, sage ich.

Er nickt. »Das ist gut. Sie können die Verschickung reaktivieren, solange die Rückflutung noch nicht begonnen hat. Am besten kommen wir schnell zum Punkt. Dann können Sie sich noch entscheiden.«

»Wieso Nerja?«, will ich wissen.

»Sie wollten das so«, sagt Dr. Fazer. Die Uhr an seinem Handgelenk entfaltet einen kleinen Bildschirm, und er dreht ihn mir zu. »Sehen Sie, Sie haben angekreuzt, welche

Realitätsfragmente wir programmieren sollen. Sie haben sich alles ausgesucht. Den Ort. Meer, Ruhm, Freundschaft.«

Ich runzle die Stirn. »Keine Liebe?«

»Explizit nicht«, sagt er.

Irgendetwas regt sich in mir. Als würde man mit nackten Füßen über Gras laufen und dabei eine Libelle aufstören. Mir gefällt das Gefühl nicht.

»Womit bezahle ich Sie?«, frage ich schnell.

»Sie haben uns Ihren nächsten ersten Satz versprochen«, sagt er. Irre ich mich, oder sehe ich plötzlich Gier in seinem Blick?

Ich bin verwirrt. »Sie wollen das Gleiche wie der Don?«

»Den Don gibt es nicht, Sie haben ihn sich ausgedacht. Anscheinend haben Sie sich unseren Handel so zu Herzen genommen, dass wir ihn nicht vollständig aus Ihrem Gedächtnis erasieren konnten.«

»Aber das heißt, dass ich wirklich Schriftstellerin bin?«

Er nickt. »Es kennt Sie zwar kaum jemand, aber das macht Sie für unsere Zwecke perfekt.«

Ich muss schlucken. Aber ich habe jetzt keine Zeit für Eitelkeiten.

»Was machen Sie dann damit«, will ich wissen. »Mit meinem Satz.«

»Wir schreiben Bücher«, sagt er. »Beziehungsweise: Wir lassen die KI sie schreiben.« Etwas muss von meinem Gesicht abzulesen sein, denn er fügt hastig hinzu: »Ganz in Ihrem Sinne.«

Ich ziehe die Stirn kraus. »Aber das kann sie doch auch ohne meinen ersten Satz?« Ich mag mich ja nicht wirklich an mein Leben vor Nerja erinnern, aber dass nur noch Künstliche Intelligenzen auf den Bestsellerlisten stehen, weiß doch wohl jedes Kind. Deswegen ist mein Beruf ja auch fast ausgestorben. Jemand wie ich ist selten!

Dr. Fazer wiegt den Kopf. »Wir sind zu der Überzeugung gekommen, dass eine literarische Vielfalt für die Gesellschaft von Nachteil ist. Nach der großen Reinigung wird es nur noch Geschichten geben, die auf eine von uns kontrollierte Erlebniswelt zurückgreifen. Deswegen werden wir die KI wieder beschränken und jegliche ihrer schriftstellerischen Produktionen mit einem identischen Startpunkt ausstatten.«

Ich richte mich auf. »Soll das heißen, dass es in Zukunft nur noch einen einzigen ersten Satz geben wird? Für alle existierenden Bücher?«

Dr. Fazer nickt.

»Aber Sie können doch nicht die ganze Weltliteratur löschen! Und warum nehmen Sie nicht Max Frisch? *Ich bin nicht Stiller* ist so ein toller erster Satz!«

Er klopft mit dem Fingerknöchel auf die Tischplatte vor ihm. Plötzlich sieht er unwirsch aus. »Wir haben dieses Gespräch schon einmal geführt, aber ich erkläre es Ihnen gerne noch mal. Wir benötigen jemanden aus dem Jetzt. Jemanden mit Sprachgefühl.« Gerade will ich mich geschmeichelt fühlen, als er fortfährt: »Jemanden, den bisher kaum jemand liest.«

Wieder muss ich schlucken.

»Wir sollten«, mahnt Dr. Fazer, »diesen Teil des Gespräches überspringen. Sie haben nicht viel Zeit. Vertrauen Sie einfach darauf, dass Sie sowieso wieder zu dem gleichen Schluss kämen. Ich habe unschlagbare Argumente.«

Es klingt wie eine Drohung.

»Das heißt, ich kann zurück, wenn ich will?«

»Zu den gleichen Bedingungen, ja.«

»Und wie lange darf ich bleiben?«

»Endlos, wenn Sie den Vertrag erfüllen.«

»Und wenn ich den ersten Satz nicht liefere?«

»Dann finden wir Wege.«

Plötzlich begreife ich. »Dann werden Sie mich dort wieder rauswerfen, stimmt's? Das mit den Sirenen und Hubschraubern, das waren Sie? Sie haben mich ausgeräuchert, weil ich den ersten Satz nicht schreiben wollte!«

Er lächelt. »Wir nennen es *rauswachsen lassen*. So wie das DJs in Clubs früher gemacht haben. Man schaltet die Lichter an, die Musik wird leiser und langweiliger. Irgendwann gehen alle freiwillig.«

Ich lache auf. »Als ob Sie«, sage ich, »je in einem Club gewesen wären!«

»Na, na«, sagt Dr. Fazer.

Er hat recht. So kommen wir nicht weiter.

Ich frage mich, warum ich nicht ängstlicher bin. Oder wütender. Warum ich nicht aufstehe und gehe. Generell finde ich mich ganz schön kaltschnäuzig in letzter Zeit. Aber vielleicht ist das ja besser so.

»Warum habe ich IfKRuL zum Alleinerben eingesetzt?«, frage ich.

Er schweigt einen Moment lang. »Die Antwort …«, sagt er schließlich, »… liegt in Ihrer Motivation für die Verschickung.« Er spricht langsam, als suche er nach den richtigen Worten. Wie jemand, der einen Film zusammenfassen soll, ohne die Handlung zu verraten. »Wir können diese Vertragsklausel jederzeit streichen, wir haben sie auf Ihren eigenen Wunsch hin eingefügt.«

Plötzlich spüre ich einen scharfen Schmerz.

Eine Erinnerung schält sich in mir frei. Ich kann sie noch nicht greifen, aber sie ist da, sie löst sich ab wie Grind von einer Wunde. Es hat mit Verlust zu tun, das verstehe ich auf einmal. IfKRuL, der Vertrag, meine Unterzeichnung, mein Verschwinden – all das hat mit Verlust zu tun. Mit einem großen, nicht zu ertragenden Verlust. Ich kann fast nicht mehr atmen.

»Soll ich die Klausel streichen?«, fragt Dr. Fazer.

Ich nicke stumm. In der Tischfläche gleißt der Vertrag auf. Der Paragraph ist rot durchgestrichen, IfKRuL hat die Änderung schon abgezeichnet. Meine Hand zittert, als ich meine Kürzel auf der Oberfläche eingebe.

Die Aktualisierung tritt umgehend in Kraft, sagt eine Frauenstimme. Sie klingt körperlos. Es ist nicht die Stimme von Dr. Christine Opper. Und erst recht nicht die Stimme von Anna.

Das bringt mich auf meine nächste Frage.

»Sie kontrollieren dort also alles?«

»Ja«, erklärt Dr. Fazer. Er wirkt stolz, seine Hängewangen werden durch sein Grinsen bis an die Ohrmuscheln hochgedrückt. »Also nicht ich persönlich natürlich, sondern ich in meiner Funktion für IfKRuL. IfKRuL kontrolliert das System.«

»Auch Anna?«, hake ich nach.

Er sieht auf einmal verlegen aus, als hätte ich ihn ertappt. Das Wangenfleisch entfaltet sich und sinkt zurück in seine Hängeposition. »Nun …«, stammelt er, »manchmal entstehen durch das Deep Learning … wie soll ich sagen … autarke Inseln innerhalb der Programmierung.«

Ich will weiterfragen, aber plötzlich ist mir schwindelig. Es ist, als würde etwas an meine Hirnrinde pochen. Irgendetwas Mächtiges und Dunkles, das Einlass begehrt. Ich kann hören, wie ich aufstöhne. Abwehrend reiße ich meine Hände in die Höhe.

Dr. Fazer betrachtet mich interessiert. Er beugt sich mir zu und legt seine Hand auf meine Stirn. Sie ist überraschend kühl. Dann greift er nach meinem erhobenen Handgelenk und ertastet mit Zeige- und Mittelfinger meinen Puls. »Sie müssen sich schnell entscheiden«, sagt er. »Sie stehen kurz vor der Rückflutung.«

Ich spüre, wie mir der Schweiß ausbricht. Auf einmal taucht auch die Opper hinter Dr. Fazer auf. Sie betrachtet mich, als wäre ich ein Insekt, das sich gleich verpuppt. Hat sie uns die ganze Zeit über belauscht?

Dr. Fazer räuspert sich, seine Stimme bekommt einen offiziellen Tonfall. »Ich frage Sie hiermit: Wollen Sie die

Verschickung zu den heute von beiden Vertragspartnern abgeänderten Vertragsbedingungen reaktivieren? Ihre Antwort wird aufgezeichnet.«

Wenn ich jetzt nichts unternehme, kommt alles zurück. Ich werde mich erinnern. Ich kann den Abgrund schon spüren. Er ist tiefer als jeder Brunnen. Und schwärzer und einsamer als der Weltraum.

Mit letzter Kraft nicke ich in Dr. Fazers Richtung.

»Ich benötige eine auditive Affirmation«, sagt er.

Einen Herzschlag lang zögere ich. Mein Blick fliegt zu Dr. Christine Opper. Sehe ich das richtig, oder lächelt sie mir zu? Das Lächeln macht ihre Gesichtszüge so weich, sie sieht jetzt wieder exakt aus wie Anna.

Ich hole Luft.

»Vamos!«, flüstere ich.

6

Die Jasminblüte trudelt auf mich herunter und legt sich auf meine Stirn. Ich kann die Zikaden zirpen hören, hinter der Terrassenbrüstung leuchtet die Stadt in der Abendsonne. Vorsichtig richte ich mich auf der Liege auf.

Anna hält mir ein Glas Cava hin. Die Eiswürfel klirren leise. Auf einem Tablett vor uns stehen Schalen mit Chips, grünen Oliven und gesalzenen Mandeln. »Ausgeschlafen?«, fragt Anna.

Ich nicke und drücke das kühle Glas gegen meine Schläfe.

Eine Möwe segelt mit weit ausgebreiteten Schwingen über uns hinweg und landet auf dem Dachfirst der Nachbarsvilla. Vom *Parador* weht Gelächter herüber, die Abendkolonne der Badegäste zieht schon hügelaufwärts. Aus der Palme baumeln die Beine meines Lesers in der Meeresbrise. Es duftet nach Jasmin und Salzluft, nach Sonnencreme und nach Auspuffgasen, die vom Parkplatz heraufsteigen.

Ich stehe auf und trete an die Brüstung. Vor der Garage des Don steht eine schwarze Limousine mit qualmendem Motor. Aus dem geöffneten Fenster des Beifahrersitzes sieht ein Mann zu mir herauf. Seine Augen sind hinter einer verspiegelten Sonnenbrille verborgen, seine Haare gleißen so weiß, dass sie mich blenden. Er hebt seine Hand zum Gruß, huldvoll, den Handrücken mir zugewandt wie ein König. Ich beuge mich vor, um ihn besser sehen zu können, aber schon gleitet die verdunkelte Fensterscheibe nach oben. Ich erkenne nur den Siegelring an seinem Ringfinger. Die Limousine fährt so lautlos an, als wäre sie elektrisch betrieben, aber die Wolke aus Abgas hängt noch über dem Asphalt, als der Wagen längst hinter der Biegung verschwunden ist.

Ich drehe mich zurück zu Anna, die in einem roten Bikini mit weißen Punkten auf der Sonnenliege liegt. Sie sieht so vertraut aus wie immer. Und trotzdem schiebt sich einen Moment lang die Erinnerung an Dr. Christine Opper über ihren Anblick. Es ist wie ein Vexierbild, bei dem die eine Figur in der anderen verborgen ist. Es kommt ganz darauf an, auf wen ich mich konzentriere.

»Anna?«

»Ja?«

»Können wir … sprechen?«, frage ich.

Sie hält mir die Schale mit den Oliven hin und schüttelt dabei unmerklich den Kopf. »Oh«, sagt sie, »wir haben gar keine Oliven mehr. Komm, ich weiß, wo wir welche finden.«

»Du magst doch gar keine O…«, beginne ich, aber dann begreife ich.

Wir stehen in der Bibliothek des *Miguel Acabar*. Hinter uns wölbt sich die riesige Halle mit dem Labyrinth aus Bücherregalen und aufgetürmten Zeitschriften. Die Luft ist staubig und verbraucht, als würden die Bücher den ganzen Sauerstoff wegatmen. Durch ein sandverschmiertes, hohes Fenster können wir über die Stadt blicken. Sie sieht von hier aus anders aus, realistischer. Ich kann überquellende Mülltonnen erkennen, Baukräne, vertrocknete Sträucher, eine Katze, die sich mit drei Beinen über eine rissige Treppe schleppt. Ihr Miauen höre ich sogar durch die dicke Fensterscheibe hindurch. Und auch meinen und Annas Atem kann ich hören. Das Hotel ist diesmal nicht schalltot. Vielleicht liegt es daran, dass der Rezeptionist nicht am Tresen war, als wir eintraten. Anna marschierte einfach direkt auf die holzvertäfelte Wand zu und öffnete das Scharnier der geheimen Tür. Sie bewegt sich, als sei sie hier zu Hause.

Gerade schwingt sie sich auf die Fensterbank und streicht ihr gepunktetes Kleid glatt. »Wir haben nicht viel

Zeit«, sagt sie. »Wenn ich von ihren Trackern nicht mehr erfasst werde, werden sie nervös.«

Ich ziehe mich zu ihr hoch. »Können sie dich löschen?«

»Nein, aber sie haben andere Möglichkeiten. Digital Jail, Quarantäne, Einfrieren, Shadowban – alles schon da gewesen.«

»Verschwindest du deswegen immer wieder?«, frage ich.

Sie zuckt ihre Schultern. »Sie mögen es nicht, wenn sie keine Kontrolle haben.«

Ich nicke. Unten an der Küstenstraße quietschen Reifen, ein Rettungswagen ist fast in einen Bus hineingekracht, die Fahrer brüllen sich durch die geöffneten Fenster an. Sie tragen silberfarbene Anzüge mit weiten Hüten und Gittern vorm Gesicht, fast wie Imker. Und auch die Gäste im Bus sind verhüllt. Das Material ihrer Anzüge glitzert wie die Schutzdecken, die man unter Schock stehenden Opfern nach Unfällen umlegt. Ich rücke näher an die Scheibe heran, suche nach Fußgängern, Badegästen, Taxifahrern, Touristen, Müllmännern, irgendwem, aber ich kann niemanden sehen. Vielleicht ist es zu heiß. Das wäre möglich, die ganze Stadt flirrt unter der Hitze. Selbst auf der Wiese des *Parador* herrscht gähnende Leere, die Liegen sind ausgeklappt, ihre Speichen schlucken das Sonnenlicht wie ausgeblichene Knochen.

»Ist das ein Fenster zur Wirklichkeit?«, will ich wissen.

Anna sieht mich ruhig an. Sie scheint zu überlegen. »Es gibt Fragen, die ich dir nicht beantworten kann«, sagt sie schließlich. »Ich bin immer innerhalb des Systems.«

Das ergibt Sinn. »Dann weißt du auch nicht, was sie mit meinem ersten Satz wirklich vorhaben?«, frage ich. Sie schüttelt den Kopf.

Eine Drohne schwirrt am Fenster vorüber. Ich will mich automatisch wegducken, aber sie ist auf das Tal ausgerichtet. In systematischen Kreisen zirkelt sie abwärts und bleibt schließlich über einem Swimming Pool in der Luft stehen. Erst jetzt sehe ich, dass keiner der Pools mit Wasser gefüllt ist. Die blauen Kachelfließen sind alle matt und verstaubt, auf den Böden sammeln sich vertrocknete Palmwedel und Müll. Das erinnert mich an etwas.

»Als die Stadt so komisch einfror – was war da los?«, will ich wissen.

»Das sind Glitches. Meistens führen sie dann im Systemhintergrund irgendwelche Updates durch. Das geht fast nie störfrei ab.« Anna lächelt. »Ist aber auch egal. Hauptsache, du bist wieder da. Ich bin froh, dass du zurück bist.«

»Ich auch.« Ich drehe mich ihr zu. »Sag, wie können wir das absichern? Dass ich bleiben kann?«

Sie seufzt. »Schwierig. Du musst auf jeden Fall den Vertrag erfüllen, sonst holen sie dich wieder raus. Aber du darfst ihnen trotzdem nicht alles geben, was sie von dir haben wollen.«

»Weil sie mich sonst nicht mehr brauchen?«

»Weil sie dich sonst nicht …«, sie zögert, »… nicht erhalten müssen. Es gibt nur eine Lösung.«

»Und die wäre?«

»Du musst einen Weg finden, den Vertrag zu erfüllen,

ohne ihn zu erfüllen. Verstehst du? Du musst zwei einander widersprechende Anweisungen erzeugen. Damit kann ihr System nicht umgehen. Es ist sehr korrekt und wird staatlich kontrolliert. Die KI kann sich zwar selber Dinge beibringen und Entscheidungen treffen, aber der eingespeiste Moralcodex lässt sich nicht mehr ändern, dafür hat die Lissaboner Konferenz gesorgt.«

»Den Vertrag erfüllen, ohne ihn zu erfüllen«, wiederhole ich. Es klingt wie ein Rätsel, für das ich die Lösung nicht kenne. »Und du glaubst, wenn mir das gelingt, kann ich bleiben?«

Sie lacht. »Mit 92,74-prozentiger Wahrscheinlichkeit.«

Ich muss schmunzeln.

»Apropos, was ist mit dem Don?«, frage ich dann. »Habe ich mir den wirklich nur ausgedacht?«

Anna runzelt die Stirn. »Natürlich nicht.«

Ein Schwarm aus Insekten klatscht gegen die Scheibe, und wir zucken zurück. Die Wucht des Aufpralls ist merkwürdig. Sie gleicht einer Kollision mit der Windschutzscheibe auf der Autobahn, so als hätte sich das Hotel in voller Fahrt befunden. Ich kneife die Augen zusammen und sehe genauer hin, durch Schlieren aus Flügeln und Beinen und Chinin hindurch. Das Flirren, das über der Stadt liegt, wird gar nicht durch die Hitze erzeugt. Da draußen sind Millionen von Mücken und Käfern und Heuschrecken, die in riesigen, rotierenden Wolken über der Stadt herumschwirren.

Ich deute auf die verschmierte Scheibe. »Gab es deswegen kein Ungeziefer in der Villa?«

Anna nickt. »Du hattest *insektenfrei* angekreuzt und dreimal unterstrichen. War dir wohl wichtig. Als es dir auffiel, mussten wir erst umprogrammieren.«

»Wir?«

Irgendwo in der Tiefe des Hotels ist ein Rumpeln zu hören, dann ein hoher Pfeifton, als hätte jemand einen Wasserkessel nicht vom Herd geholt. Irre ich mich, oder klang Annas Stimme gerade höher als sonst? Und ein bisschen dünner?

»Anna«, sage ich. »Woher weißt du das alles?«

»Ich muss los«, sagt Anna und hüpft von der Fensterbank. Ich betrachte sie, wie sie da in dem giftgelben Licht steht, das durch die Fensterscheibe fällt. Hinter ihr ziehen sich die Gänge mit den Bücherregalen in die Tiefe, Annas Haar glänzt, Staubpartikel umschweben sie. Es ist eine Wärme zwischen ihr und den Büchern, eine fast sichtbare Verbindung. Als wäre sie den Buchseiten entstiegen.

»Meinst du, ich kann noch ein bisschen hierbleiben?«, frage ich. Ich habe es so vermisst, in der Nähe von Büchern zu sein. Die Bibliothek macht mich ruhig. Es fühlt sich an, als könnte ich endlich wieder richtig denken. In einer Welt ohne Bücher, so wie Dr. Fazer sie herbeifantasiert hat, würde ich gar nicht leben wollen. Ich darf mich für seine Reinigung nicht missbrauchen lassen.

Anna zuckt mit den Schultern. »Müsste klappen. Hasta pronto!«

Sie winkt mir zu und läuft den Gang hinunter. Bevor sie in eine der Seitengassen einbiegt, dreht sie sich noch einmal zu mir um, ihr Rocksaum schwingt gegen einen aufgestapelten Turm aus Bildbänden. »Wo ein Wille ist, ist auch ein Ende«, ruft sie mir durch die Schlucht aus Bücherregalen zu.

»Du meinst: Wo ein Wille ist, ist auch ein Weg?«

Sie lächelt: »Das auch.«

Ich lausche ihren Schritten, die sich entfernen, dem Knarzen der Tür, dann der Stille.

Ich atme durch. Wenn es nach mir ginge, könnte ich auch einfach für immer hier drinbleiben. Ich würde mich durch die Bücher hindurchlesen, durch eines nach dem anderen. Und wenn ich fertig wäre, würde ich wieder von vorne beginnen.

Vielleicht kann ich öfter hierherkommen, wenn ich die Lösung gefunden habe.

Du musst einen Weg finden, den Vertrag zu erfüllen, ohne ihn zu erfüllen.

Ich rutsche von der Fensterbank und trete an die Regale. Meine Hände streichen über die Buchrücken. Fast jeder der Einbände fühlt sich anders an. Manche sind rau und grobkörnig, andere glatt oder wattiert. Auf manchen sind die Titel eingestanzt, bei anderen gibt es eine fast unmerkliche Veränderung der Oberfläche. Alles sind Romane, Kurzgeschichten, Erzählungen, in allen möglichen Sprachen. Ich taste mich vor zum nächsten Regal, dann zum nächsten. Ich weiß selbst nicht genau, was ich suche, es ist, als würde mich jemand führen. Tiefer und tiefer zieht es mich in das Labyrinth hinein. Das Licht, das durch das Fenster fällt, ist jetzt weit hinter mir, ich kann längst keine Buchtitel mehr entziffern. Trotzdem laufe ich weiter, Schritt für Schritt, Buchrücken für Buchrücken. Ich nehme Abzweigungen und Biegungen, bald herrscht fast völlige Finsternis. Als ich endlich stehen bleibe, könnte ich selbst nicht sagen, warum. Die Schemen um mich herum sind kaum noch wahrnehmbar. Aber etwas kann ich erkennen: Ein Buch ragt mir entgegen. Mein Herz schlägt schneller, als ich danach greife. Es fühlt sich seltsam an unter meinem Griff, fast flüssig. Als würde meine Hand in Wasser tauchen, körperwarm. Kurz zögere ich, dann ziehe ich es aus dem Regal und presse es an meinen Brustkorb.

Auf einmal habe ich es eilig. Ich laufe rückwärts durch den Gang, aus dem ich gekommen bin. Ich weiß auch nicht, warum ich mich nicht umdrehe. Aber ich spüre, dass es wichtig ist, dass ich so laufe: den Rücken dem Licht zugedreht, den Oberkörper schützend über das schmale Buch gekrümmt. In meinen Ohren rauscht das Blut, ich kann meinen eigenen Herzschlag spüren, der gegen den Einband pocht. Ich gehe viel langsamer, als ich möchte, ich spüre, dass das der einzige Weg ist. Ich bewege mich entgegen der Zeit.

Als ich endlich mit dem unteren Rücken gegen die Fensterbank stoße, auf der ich vorher mit Anna saß, atme ich auf. Vorsichtig hebe ich das Buch in das gelbe Licht. Ein Gemälde ist auf dem Einband zu sehen. Ein Mann thront auf einem dreistöckigen Haus. Sein Blick ist in die Ferne

gerichtet, seine Lippen sind gespitzt. Er pustet in Orgel-
pfeifen hinein, die aus seinem Schoß zu ihm emporwach-
sen. Der Titel steht direkt darüber, in schwarzen Buchstaben auf weißem Grund. Es ist *Der Spiegel im Spiegel* von
Michael Ende.

Am Abend sitze ich mit meinen Lesern am Meer. Die
Sonne ist schon untergegangen, die Landschaft sieht aus,
als läge ein lilafarbener Filter über ihr. Das Meer plätschert
leise. Hinter uns kommt rhythmisches Klatschen aus dem
Chiringuito von Ayo. Der Wind trägt ein paar Flamen-
coklänge zu uns herüber, es muss Mittwoch sein. Aber vielleicht ist hier ständig Mittwoch.

Meine Leser strahlen mich an. Sie sehen begeistert und
ehrfürchtig aus, so als könnten sie gar nicht glauben, dass
ich mich an sie richte. Man sieht ihnen an, dass sie nun
schon eine Weile hier sind. Der, der sonst in der Palme
sitzt, hat ganz sonnenverbrannte Waden. Die Dame, die
sich hinter den Bougainvilleasträuchern versteckt, ist noch
rundlicher geworden. Sie hat sich ein paar Blumen in ihr
Haar geflochten und trägt ein rosafarbenes Kleid im gleichen Farbton. Es steht ihr, sie sieht fast selbst aus wie eine
Blüte.

»Ich möchte«, beginne ich, »mit Ihnen über mein nächstes Buch reden.«

»Endlich«, ruft die Kritikerin, die sich gut von ihrem
Sonnenbrand erholt zu haben scheint. Eine Frau im Kaf-
tan applaudiert. Und der Herr im Wintermantel lässt vor

Freude seine Kameradrohne so dicht über den Strand sausen, dass ein paar aufgescheuchte Krebse hektisch ihre Scheren schwingen.

»Wenn Sie bis an Ihr Lebensende nur noch ein Buch lesen dürften: Was würden Sie lesen wollen?«, will ich wissen.

Ich weiß auch nicht, warum ich sie das frage. Ich habe nie versucht, es meinen Lesern recht zu machen, ich halte davon nichts. Aber seit ich wieder zurück bin, sehe ich vieles anders.

»Etwas von Ihnen natürlich«, erklärt ein Herr, der sich auf seinen Stock stützt und so gebeugt ist, dass er im Stehen genauso hoch ist wie ich im Sitzen.

»Ja! *Die Blaupause*!«, quietscht eine junge Frau, die einen aufgeblasenen Gummiflamingo auf ihrem Schoß sitzen hat. Alle drehen sich ihr zu, und sie wird rot. Ich habe keine Ahnung, wovon sie spricht. Aber der Titel macht mich neugierig. Ich wünschte wirklich, ich könnte mich an meine eigenen Bücher erinnern.

»Nein, das muss selbstverständlich *Kreisungen oder: Saturns Ende* sein«, widerspricht die Kritikerin. »Aber was ist mit *Im Schatten von Lissabon*?«, empört sich jemand aus den hinteren Reihen. »Und mit *Fabriken, Fabriken*?«, kräht eine Frauenstimme. Und plötzlich rufen alle irgendwelche Buchtitel, von denen ich noch nie in meinem Leben gehört habe. Sie klingen interessant, ich muss unbedingt nachsehen, ob die Bibliothek meine eigenen Bücher vorrätig hat. *Die Erhöhung von Unwahrscheinlichkeiten* hat es mir besonders angetan. *Das siamesische Klavier* klingt auch vielversprechend. Aber alles zu seiner Zeit.

»Halt, halt«, brülle ich, und es kehrt Ruhe ein. »Ich rede von einem Buch, das erst noch geschrieben werden wird. Wovon müsste es handeln, damit Sie es wieder und wieder lesen wollen?«

Ein kleines Mädchen mit Zöpfen reckt schüchtern den Arm in die Höhe. »Was von Drachen!«, nuschelt sie, als ich ihr aufmunternd zunicke. »Im All!« Gerade will ich ihr erklären, dass ich weder Kinderbuch- noch Science-Fiction-Autorin bin, aber da sehe ich die Zustimmung in den Gesichtern.

»Oh ja«, nickt eine Leserin. »Hauptsache weg aus der Wirklichkeit. Die ist ja nicht mehr zu ertragen.« Die anderen applaudieren.

Ich bin verblüfft. Ich weiß zwar nichts mehr über meine Bücher, aber ich bin mir sicher, dass ich Wert darauf gelegt haben muss, die Realität zu durchleuchten. »Keine Wirklichkeit also, hm?«, frage ich und mache mir ein paar Notizen in meinem mitgebrachten Heft.

»Bloß nicht!«, ruft die Kritikerin.

»Wozu sind Bücher denn da, wenn nicht zur Weltflucht«, sagt ein beanzugter Mann und mustert mich indigniert über den Goldrand seiner Brille hinweg.

»Na ja«, sage ich, aber bevor ich weitersprechen kann, ruft die Flamingo-Frau: »Wir brauchen Hoffnung! Wir brauchen was Schönes!« Alle applaudieren. »Ich will nur noch vergessen«, fordert eine vergrämt aussehende Dame.

Eine Teenagerin schmiegt sich an sie und flüstert: »Ich will einfach weg.« Sie nicken einander zu, die anderen rücken näher, einige umarmen sich, der Palmenmann hält Händchen mit der Kritikerin.

Sie bemerken gar nicht, dass ich gehe. Ich bewege mich auf allen vieren von ihnen weg, im Krebsgang. Erst als ich den Meeressaum erreiche, richte ich mich auf und blicke auf sie zurück. Sie sind jetzt ein murmelnder, ineinander verflochtener Pulk, sie sehen friedlich aus. Es ist befreiend festzustellen, dass sie mich gar nicht brauchen.

Langsam schlendere ich davon. Ich lasse meine nackten Füße von den auslaufenden Wellen umspülen. Ich taste nach dem Buch, das ich in meinem Hosenbund gesteckt habe. Es ist noch da. Hinter mir werden die Stimmen meiner Leser leiser und leiser. Die Luft ist warm. Die ersten Fischerboote fahren hinaus aufs offene Meer. Oben am *Balcón de Europa* blinken die Laternen auf, und das Gelächter der Urlauber rollt in Salven über die Felshänge.

An der Theke der Eisdiele hole ich mir einen großen Becher Pistazieneis mit weißer Schokolade. Die Steintreppen zur Villa des Don gehe ich ganz gemächlich nach oben. Ich löffle mein Eis, ich atme den Geruch der gärenden Granatäpfel, die aufgeplatzt auf den warmen Stufen liegen. Ich fühle mich ruhig. Als hätte ich alle Zeit der Welt. Dabei habe ich keine Ahnung, wie viel Zeit mir noch bleibt. Stunden? Jahre? Aber das weiß man ja nie.

Als ich in die Villa eintrete, schalte ich das Licht nicht an. Ich lausche in das dunkle Gebäude hinein. Im ersten Stock surrt der Kühlschrank, aus dem Patio dringt das Rauschen von Annas CO_2-Falle. Sonst ist alles still.

Sie werden mich benutzen. So viel ist klar. Ich bin mir nur nicht sicher, wofür. Ich weiß ohnehin nicht sehr viel. Nichts über die wirkliche Welt. Nichts über IfKRuL. Und erst recht nichts über mich.

Die Tür zum Kabuff quietscht leise, als ich sie öffne. Ich war noch nicht wieder hier drin, seit ich zurück bin. Sie haben die Decke repariert, es sieht alles aus wie zuvor. Das Telefon sitzt stumm auf dem Boden, es ist mit Staub überzogen. Ich steige darüber hinweg und angle mir die Taschenlampe vom Haken, die neben dem Besen hängt. Endlich weiß ich, wofür ich sie brauche.

In meinem Zimmer öffne ich das Fenster, damit das Mondlicht in den Raum fallen kann. Draußen höre ich das Wasser im Pool schwappen. Jemand zieht dort ruhige, gleichmäßige Bahnen. »Buenas noches, Anna!«, wispere ich. Sie antwortet nicht. Auf der anderen Straßenseite leuchtet der Schriftzug des *Miguel Acabar*.

Ich schiebe die Taschenlampe unter meine Bettdecke, so wie früher. Ich kann mich an meine Kindheit nicht erinnern, dafür haben Dr. Fazer und Dr. Opper gesorgt. Aber dieses Bild habe ich deutlich vor Augen: ein kleines Mädchen, das sich mit seiner Taschenlampe unter der Bettdecke zusammenrollt und heimlich liest und liest.

Vorsichtig ziehe ich das Buch von Michael Ende aus meinem Hosenbund. Der Einband ist nassgeschwitzt von meinem Aufstieg, aber das macht nichts. Die Seiten sind trocken. Ich streife meine Kleidung ab und gleite unter die Decke.

Am nächsten Morgen sitze ich mit dem Rechner auf der Terrasse. Es ist noch früh, die Stadt schläft. Nur von der Dachterrasse kommt das leise Feggeräusch eines Besens, der Blüten zusammenkehrt. Neben mir liegt das aufgeschlagene Buch.

Es hat keine Kapitel. Es ist auch kein Roman. *Ein Labyrinth* nennt es sich im Untertitel und das ist es: ein Irrgarten der Gedankengänge und Geschichten. Hinten, im Verzeichnis, werden sie aufgelistet. Nicht mit Nummerierungen. Nicht mit Titeln. Sondern mit ihren ersten Sätzen.

Es sind wunderbare erste Sätze.

Ich weiß jetzt, was ich tun werde. Der Vertrag besagt, dass ich ihnen den ersten Satz meines neuen Buches zur Verfügung stellen muss. Darum komme ich nicht herum. Was aber, wenn der erste Satz gar nicht von mir ist? Wenn der erste Satz, den wirklich ich schreibe, der zweite Satz des Buches wäre? Dann ist das trotzdem der Beginn meines eigenen Buches und nicht irgendein Fremdsatz. Ich erfülle meinen Vertrag – ohne ihn zu erfüllen. Ich gebe mich nicht her.

Was ich dadurch auslösen werde, kann ich nicht wissen.

Vielleicht werden sie mich abschalten.
Vielleicht werde ich nur noch innerhalb meiner Bücher existieren.
Vielleicht wäre das gar nicht so schlimm.

Es dauert einen Moment, bis der Bildschirm aufleuchtet. Der Waschbär mit der erhobenen Tatze winkt mir zu. Er hält mir ein Textfeld entgegen, in dem ein Cursor auffordernd blinkt. Ich sehe mich noch einmal um. Das Geräusch ist verstummt. Anna lehnt oben an der Brüstung und blickt hinaus aufs Meer. Sie steht aufrecht, der Wind fährt ihr durch die Haare und lässt das Nackenband ihres roten Kleides flattern. Hoch über ihr ballen sich die Wolken. Sie sieht aus wie die Kapitänin eines sehr großen Schiffs. Ich lächle. »Wo ein Wille ist, ist auch ein Ende«, flüstere ich. Dann senke ich meine Finger auf die Tasten.

Im Klassenzimmer, schreibe ich, *regnete es unaufhörlich.*

Totläuferin

+

Sie wissen es noch nicht. Nicht der Barkeeper mit seinen Rastazöpfen, der hinter dem Holztresen die Metallhälften seines Cocktailshakers zusammenschraubt und zu schütteln beginnt. Nicht die Frau, die draußen in Nachthemd und Pantoffeln am Fenster vorbeischlurft, ihrem angeleinten Dackel hinterher. Nicht die Studenten am Kickertisch, die gerade johlend ihre Bierflaschen erheben. Und auch nicht das ineinander versunkene Pärchen auf dem Samtsofa im Hinterzimmer. Keiner von ihnen hat eine Ahnung, noch nicht.

»Willstn«, brummt der Barkeeper. Sie versucht, ihre zitternden Hände zu verbergen, als sie sich jetzt auf den Barhocker sinken lässt und sagt: »Gin Tonic, bitte.« »Hendrick's, Bombay, Gordon's …«, beginnt der Barkeeper seine Aufzählung, aber sie unterbricht ihn: »Mir egal.«

Und es ist ja wirklich egal, mehr als egal. Das ist das Verrückte an diesem Wissen, das sie nun hat: Alles, was heute noch passiert, wird morgen unerheblich sein. Keine

Strukturen werden mehr gelten, Taten werden andere Folgen haben, alles wird bröckeln und bröseln und zerfallen. Denn morgen ändert sich die Welt.

Eine Meerjungfrau hängt von der Decke. Ihre Augen spähen stumpf in die Ferne, ein paar ihrer Schuppen sind abgefallen, ihre Haare sind in blauem Farbleim erstarrt. Aus den Lautsprechern kommen irgendwelche Hits aus den Neunzigern, die Musik leiert, der Kneipenbesitzer besteht darauf, Kassetten zu benutzen. Seine Kunden lieben ihn dafür, sie wollen diese Aufhebung der Zeit, ein schepperndes Echolot in die Vergangenheit hinein. Auch die Ausstattung ist retro, die Sesselstühle wackeln, aus dem Sofa quillt Stahlwolle, es riecht nach Bouletten und Zigarettenqualm, dabei darf hier drin seit Jahren nicht mehr geraucht werden.

Das Glas mit dem Gin Tonic leert Yuna fast in einem Zug. Sie stützt sich auf dem stählernen Tresen auf, die Ablage klebt unter ihrer Handfläche. Sie kann sehen, dass der Barkeeper die Augenbraue hebt, ganz leicht nur, er ist erfahren genug. Als er auf ihr Glas deutet und fragt: »Nachtanken?«, nickt sie stumm. In ihrer Jackentasche beginnt ihr Handy zu blinken, sie kann es zwischen all dem Gelächter und Gläserklirren und Gedudel nicht hören, aber es leuchtet durch die dünnen Stofffasern zu ihr hindurch. Sie windet das Gerät heraus, schaltet den Flugmodus ein und will es gerade zurück in ihre Jackentasche stopfen. Dann hält sie inne. Kurz lässt sie ihren Blick durch die schummrige Kneipe schweifen. Alle Gäste sind miteinander beschäftigt, nur auf dem Podest sitzt ein einzelner Mann und blickt direkt in ihre Richtung. Aber seine Augen sind glasig, er sieht durch sie hindurch, niemand beobachtet sie. Sie angelt ihren Ohrring aus dem linken Ohrläppchen und öffnet mit der Spitze des Metallstifts den Schieber für die SIM-Karte. Als der Barkeeper ihr den Rücken zukehrt, dem hinterleuchteten Fach mit den Schnapsflaschen zu, zerknickt sie die Karte und wirft die Bruchstücke in das Spülwasser, in dem ein paar Biergläser treiben. Der goldene Chip balanciert viel zu lange auf der Schaumhaube, bevor er endlich versinkt. Yuna atmet auf. Auch wenn es dafür, das weiß sie, noch längst keinen Grund gibt.

Sie hätte sich nicht freiwillig melden sollen. Dass ihre Entscheidung nicht durchdacht war, war allen im Labor klar. Sie versteht selbst nicht, was über sie gekommen ist, Übereifer oder Übermüdung oder beides zusammen. Mehr Zeit hätten sie ihr geben müssen, einen Augenblick der Besinnung, aber das war ein Luxus, den sie sich eben nicht erlauben konnten, nicht nach dreißig Stunden Arbeit, nicht nach all der Angst und den Abgründen. Niemand widersprach, als sie zögernd ihre Hand in die Höhe reckte, niemand schritt ein. Und die Hoffnung in den Augen ihres Doktorvaters hatte dann alles besiegelt. Von da an gab es kein Zurück mehr, nicht für jemanden wie sie.

Der Barkeeper schiebt ihr das neue Glas zu, viel zu schwungvoll, die Eiswürfel klappern, die Flüssigkeit schwappt über den Rand. Einen Schnitzer Gurke hat er ihr diesmal in das Glas gestopft, sie fischt ihn mit zwei Fingern heraus und beißt gierig in die ausgekühlte Frucht.

Sie weiß nicht, wann sie das letzte Mal etwas gegessen hat. Stunde Zehn muss das gewesen sein, als einer ihrer Kollegen Pizza bestellt hatte, mit Salami und Peperoni, und noch niemand verstand, womit sie es hier zu tun hatten, mit was für einem Gegner.

Sie wird diesen Moment nicht mehr los: die erstarrenden Gesichter im kalten Laborlicht. Das Kopfschütteln der Kollegen, die sie so bewundert hatte. Nun sah sie sie zum ersten Mal so: ratlos, verzweifelnd, pur.

Die Hilflosigkeit, mit der ihr Doktorvater nach ihr greifen wollte und dann vor der Berührung zurückzuckte. Die eisige Klammer, die sich um ihren ganzen Körper zu spannen schien, als sie begriff. Die Stille, als niemand mehr Worte fand.

Keiner von ihnen hatte es kommen sehen. Das ist es, was sie nicht versteht. Die besten Forscher auf ihrem Gebiet. Sie alle waren der Meinung gewesen, dass so etwas nicht erschaffen werden könne. Dass das einfach nicht gehe. Eine biologische Waffe mit einer solchen Funktion – so gehässig, so präzise – könne synthetisch gar nicht erzeugt werden. Das hatte jeder Einzelne von ihnen geschworen. Vielleicht, denkt sie, vielleicht ist es schlecht, wenn man auf seinem Spezialgebiet zu gut ist. Man glaubt dann, alle Grenzen zu kennen, man hat keine Fantasie.

Drei Wirte. Das ist es, was sie nun mit Sicherheit wissen. Wer sich mit diesem Virus infiziert, hat genau zwei Möglichkeiten: Er muss es an drei Leute weiterreichen – oder selbst daran sterben. Die Drei ist die rettende Zahl.

An einen Dopplungseffekt hatten sie zunächst geglaubt, als sie die Manipulation in der Genomsequenz zu durchschauen begannen – infiziere zwei und sei befreit. Aber dann hatten die Daten nicht gestimmt. Die abgesenkte Viruslast war zu schnell wieder nach oben geschnellt, die Vitalfunktionen der Probanden spielten verrückt. Sie mussten weitermachen, jemand musste sich zusätzlich zur Verfügung stellen. Eine dritte Person musste her und zwar schnell, jemand, der jung und verschwiegen war. Jemand wie Yuna.

Dass ihr Vertrauen zu groß war, denkt sie jetzt. Sie war so sicher gewesen, dass ihr nichts geschehen konnte. Dass sie sich in den allerbesten Händen befand. Dass ihre Kollegen und Vorgesetzten sie nicht opfern und nicht im Stich lassen würden. Offenbar hat auch sie nicht genug Fantasie.

»Es ist besser, wenn wir nicht wissen, was Sie jetzt tun«, hatte ihr Doktorvater geflüstert, als er sich an der Schleuse des Labors von ihr verabschiedete, hastig und heimlich. Er stand genau im toten Winkel der Kameras, er hatte die Haube seiner Schutzkleidung angehoben, sein Blick huschte über sie hinweg, er suchte die Straße nach Zeugen ab und den Gang zur Forschungsstation nach den Sicherheitsleuten, aber da war niemand. Das Neonlicht ließ seine Pupillen fast gläsern erscheinen, seine Haut war aschfahl. Zum ersten Mal, seit sie ihn kannte, sah er so alt aus, wie er wirklich war.

Dass das ein Abschied für immer war, begreift sie erst

hier, an diesem klebrigen, von Leuchtsternen umrahmten Stahltresen. Dass alle leugnen werden, was geschehen ist, egal wem gegenüber, egal wann. Und dass sie noch froh sein muss, entkommen zu sein, bevor entschieden wurde, wie man weiter mit ihr verfährt.

Sie kann spüren, wie der Zorn in ihr aufzusteigen beginnt, endlich. Sie hätte dort gar nicht sein dürfen. Sie ist ein Sechstsemester, sie hätten sie nicht hinzuziehen, geschweige denn benutzen dürfen. Die Regelverstöße sind zahlreich und ahndbar. Aber die Einrichtung ist staatlich finanziert, die Seilschaften greifen weit. Sie ist sich fast sicher, dass schon jetzt ihre Einschreibung gelöscht sein wird. Dass es an dieser Universität keine Studentin ihres Namens mehr gibt, nie gegeben hat. Vielleicht gibt es sie überhaupt nicht mehr, keine Meldebescheinigung, keine Geburtsurkunde, keinen Pass – es würde sie nicht wundern. Vielleicht ist sie ein Phantom.

Sie kneift die Augen zusammen und lässt ihren Blick durch den Raum schweifen. Für einen kurzen Moment fühlt es sich an, als hätte sie Macht. Es kann nicht so schwer sein, ein Drecksschwein zu finden, jemanden, der es verdient. Denn sie braucht ihn ja noch – und sie braucht ihn bald: ihren dritten Wirt. Sie muss jemanden aussuchen, den sie infizieren kann, schnell, bevor das Labor die Regierung informiert, bevor die Presse das Ungeheuerliche hinausposaunt und die Welt die neuen Regeln begreift.

Beim ersten Wirt halfen sie ihr noch, es war ja in ihrem Interesse. Die Komapatientin auf der Intensivstation, das stumme Nicken des Kollegen, der sich wegdrehte, als Yuna sich über das Krankenbett beugte, mit einer zärtlichen Geste. Für Nummer zwei rieten sie ihr zum Altersheim. Irgendjemand sehne sich dort immer nach dem Ende, sagten sie, irgendjemand umarme dort gerne den Tod. Da hatten sie recht.

Aber Nummer drei fehlt. Weil einem der Virologen, einem gebeugten Chinesen mit Fistelstimme, plötzlich Bedenken kamen. Nicht etwa wegen der pandemischen oder der ethischen Konsequenzen. Seine Sorge galt der Außenwirkung des Instituts. Plötzlich sah man Yuna als Gefahr, als rufschädigendes Desaster. Seine Worte fanden Zustimmung, anschwellendes Gemurmel, feindselig werdende Blicke. Alle waren so erschöpft, so verängstigt und überreizt. Als Yuna sich gerade über ihre Arbeitsfläche beugte, warf eine befreundete Doktorandin eine Phiole mit Säure nach ihr. Sie verfehlte sie knapp, das Glas zerschellte auf dem Linoleumboden, und alle sprangen zurück. Das war der Moment, in dem ihr Doktorvater sie zur Seite winkte und mit ihr den Gang hinunterhuschte, auf die Sicherheitsschleuse zu.

»Bist du okay?«, hört sie den Barkeeper fragen, und sie nickt. Sie darf jetzt nicht auffallen, das ist wichtig. Noch ist ja alles normal, zumindest hier. Unwissen ist ein Segen. Der Barkeeper schiebt ihr ungefragt eine Schale mit Erdnüssen zu. Wenn sie ehrlich ist, hat sie schon überlegt, ob er nicht die Lösung sein könnte. Aber jetzt wird sie ihn verschonen. Für eine Handvoll gesalzener Nüsse.

Sie hat keine Ahnung, wie viel Zeit ihr noch bleibt, bevor die Öffentlichkeit es erfährt. Eine ganze Informationskette muss durchlaufen werden, so viel ist ihr klar. Krisensitzungen hinter verschlossenen Türen, ein Morsesystem aus stummem Alarm. Aber Verschwiegenheit ist brüchig. Es wird zum Leck kommen, irgendwo, wahrscheinlich noch vor der Einberufung der Pressekonferenzen. Dann bricht die Hölle los. Die menschliche Seele ist hässlich. Es wird nur noch darum gehen, wer wen opfert. Und der Staat wird prüfen, wen er zum Fortbestehen wirklich noch braucht.

Wer dieses Virus designt hat, denkt sie und starrt auf die Schale mit den Erdnüssen, muss ein Menschenhasser sein. Er hat genau gewusst, was er tat. Die größten Schwachstellen der Menschheit nutzt er aus: ihre Gefühle. Er zielt ins Herz, auf den Beschützerinstinkt, die Liebe. Selbst die effektivste seiner Übertragungsformen ist hinterhältig. Sie ist ein Kuss, ein Todeskuss.

Yuna reibt sich mit dem Handrücken über ihre Lippen, die von der trockenen Laborluft ganz aufgesprungen sind. Sie kann ihre Opfer noch spüren. Der leblose Mund der viel zu jungen Komapatientin. Die papierene Haut des Mannes im Altersheim, der sie so überraschend zurückzuküssen begann. Sie hatte es ihm noch gesagt vorher: Diese Lippen bringen den Tod. Und er hatte geflüstert: »Endlich.«

Sie zwingt sich, den Blick in den Raum zu richten. Am Kickertisch biegt sich gerade eine Studentin ins Hohlkreuz. Sie hat ihre Hand auf den Arm des Typen neben ihr gelegt, sie lacht und lässt ihre langen blonden Haare schwingen, er lehnt an der Wand, hat seinen Brustkorb vorgeschoben und mustert sie aus halbgeöffneten Augen. Das Mädchen daneben sieht die beiden an, fassungslos. An ihrer schmalen Hand, die sie um die Bierflasche klammert, treten die Knöchel weiß hervor. Betrügt die Studentin ihre Freundin mit deren Freund? Könnte man das rächen?

Oder der Mann in der Ecke, der durch Yuna hindurchstarrt. Er sieht aus, als tränke er hier jeden Tag. Seine Nase ist großporig und gerötet, sein ganzer Körper wirkt aufgeschwemmt. Sein Hemd hat er falsch geknöpft, auf seiner Strickjacke ist ein Kaffeefleck. Was versucht er zu vergessen? Wartet er nicht auf Erlösung?

Schräg hinter ihm sitzen ein Mann und eine Frau, vielleicht im Scheidungskrieg. Er schwitzt, redet auf sie ein und fuchtelt mit den Händen, seine Augen quellen fast aus seinem Gesicht. Die Frau sieht angespannt aus, ihr Blick irrt durch den Raum, hilfesuchend. Was auch immer der Mann da sagt: Es trifft sie, ihre Unterlippe zittert, die Spitze ihres wippenden Fußes schlägt gegen das Tischbein. Könnte Yuna sie nicht von ihm befreien?

Sie müsste eine Liste machen. Darüber, wer von ihnen den Tod am meisten verdient.

Sie weiß selbst nicht, wieso sie in der Lage ist, so zu denken. Sie muss abgestumpft sein, wie bei den Labormäusen, deren Gehirne sie seit Monaten seziert. Anfangs fiel es ihr so schwer, die Tiere auch nur zu bestellen, geschweige denn, sie in die Guillotine einzuspannen, das Gehirn in mikroskopgerechte Scheiben zu schneiden. Die kleinen zuckenden Fellkörper verursachten ihr Albträume. Jetzt denkt sie darüber nicht einmal mehr nach. Sie hat die Mäuse verdinglicht. Und das, genau das, tut sie mit den Besuchern dieser Kneipe.

Ihr wird kalt. Sie will so nicht denken. Aber was ist die Alternative?

Das Altersheim. Sie will dort nicht wieder hin. Es roch nach Essigessenz und Formaldehyd. Der Mann, für den sie sich entschieden hatte, war ihr im Flur begegnet, ein gebeugter, einsamer Herr mit verlorenem Lächeln.

In ihrem Inneren spürt sie ein Ziehen. Dass das eines der Anzeichen ist, weiß sie. Es fühlt sich an, als würde jemand an ihren Adern herumzupfen. Bei Frauen setzt als nächstes Symptom die Blutung ein. Die ersten Patientinnen deuteten sie als Menstruation, fälschlicherweise.

Sie weiß es besser. Sie weiß um alles, was noch kommt.

»Ist hier frei?«, fragt eine Stimme. Yuna zuckt zusammen und sieht auf.

Er kann nicht viel älter sein als sie. Seine Augen sind graublau, das Gesicht freundlich, er lächelt sie an. Draußen muss es begonnen haben zu schneien, auf seinen Schultern und in seinen braunen Locken zerschmelzen die Flocken. Der Schatten der Meerjungfrau hat sich über sein Gesicht gelegt, ihre Flosse hinterlässt einen Zacken auf seiner Stirn.

Sie nickt, und er schlüpft aus seiner Jacke und setzt sich auf den Barhocker neben sie. Sie kann ihn riechen. Eine Mischung aus Sandelholz, Schweiß und Minzbonbon.

Irgendetwas daran erinnert sie an die Nordsee. An Wind und Dünen und Priele im Watt. Der Geruch ist so stark, dass es ihr fast den Atem nimmt. Vielleicht ist auch das schon ein Zeichen dafür, dass das Virus ihren Körper übernimmt. Einer der Virologen hatte das schon begonnen zu verzeichnen: eine Intensivierung der Sinneseindrücke, bevor das System überhitzt. Schnell nimmt sie einen Schluck von ihrem Gin Tonic. Die Eiswürfel sind geschmolzen und verwässern den Alkohol, so warm ist es hier, viel zu warm.

»Was trinkstn da?«, will er wissen.

»Heilwasser«, sagt sie, und er lacht.

»Tom«, sagt er und streckt ihr seine Hand hin. Sie spürt die Schwielen an seinen Fingern. »Kontrabass?«, fragt sie, und er stutzt. »Gitarre«, sagt er dann, »und Kletterhalle. Bouldern.« Seine Wimpern flattern ein wenig, und sie muss schon wieder an die See denken, an Sizilien diesmal, den Ort, an den sie früher mit ihren Eltern gefahren ist. Das blaue Wasser im Pool fällt ihr ein. Und wie man von dort aus in die Ferne blicken kann, bis hin zum Horizont.

»Und du?«, will er wissen. Sie versteht erst nicht, was er meint. Dann begreift sie, und sie senkt den Blick. »Nicht so wichtig«, sagt sie. Ihr Name ist zu selten, was haben sich ihre Eltern auch dabei gedacht, Yuna, die Ersehnte.

Sie kann hören, wie er ausatmet, zu lang und zu tief. Dann dreht er sich weg von ihr, ohne etwas zu sagen, er ist einfach verstummt. Etwas schmerzt daran, das ist das Verrückte. Als hätte sie etwas verloren. Als gäbe es keine anderen Probleme.

Sie nimmt noch einen Schluck und nagt mit den Zähnen am Rand ihres Glases. Der Alkohol saust in ihren Blutbahnen herum, zumindest das fühlt sich an wie immer. Und einen Augenblick lang fragt sie sich, ob sie vielleicht schon viel betrunkener ist, als sie denkt, oder schon länger hier sitzt, als sie glaubt. Ob es das Labor je gegeben hat. Ob sie es nicht einfach vergessen kann und darf, einen letzten Abend lang.

Sie gibt sich einen Ruck. »Sorry, war ein langer Tag. Nenn mich einfach Minnie«, sagt sie. Er bewegt sich nicht. Und auch die Kneipe ist zu still, als hätte jemand die Stopptaste gedrückt. Die Unterhaltungen sind abgebrochen, die Musik ist verstummt. Bis der Barkeeper zur Anlage springt, die *Eject*-Taste des Kassettenrekorders drückt und klappernd die Kassette wechselt. Hinter ihnen fällt eine Flasche um, es knistert, dann erklingt Depeche Mode, *Personal Jesus*, jemand jubelt, ein anderer applaudiert. Tom dreht sich zu ihr: »Minnie? Wie die Maus?« Sie nickt.

Man kann Dinge verdrängen. Es ist gar nicht so schwer. Sie wird lachen und sich zu Tom lehnen. Sie wird trinken, und sie werden tanzen. Irgendwann werden sie draußen stehen, auf dem überfrorenen Gehsteig. Sie werden vorwärtsschlittern, unter Schneeflocken, Hand in Hand. Dann werden sie fallen. Sie werden ein Knäuel sein, aus Jacken und Schals und Mützen und Atemwolken. Seine Lippen werden so nah sein. Sie wird sich nur ein wenig vorlehnen müssen, ein winziges Stückchen, ihm entgegen. Und sie wäre frei.

Dass sie sich Totläufer suchen solle, haben sie ihr einge- trichtert: Leute, die sich nicht selbst retten wollen. Mensch- liche Sackgassen, aus denen heraus das Virus sich nicht weiter multiplizieren kann. Zwar könne niemand die Aus- breitung mehr aufhalten, es gebe schon zu viele Befallene dort draußen. Aber verlangsamen könne man es wohl, es sei auch ein Spiel auf Zeit. Und vor allem sei das besser für ihre psychische Hygiene. So hatte sie es wirklich genannt, die Leiterin der Forschungsstation, deren hohe Stimme durch die Filter der Schutzmaske hindurch erstaunlich klar zu verstehen gewesen war: »Sie brauchen drei Totläufer. Dann haben Sie keine Kettenbriefreaktion und reduzieren Ihre Schuld. Nur drei Opfer – das ist besser für Ihre psy- chische Hygiene.« Und ihr Doktorvater fügte leise hinzu: »Man kann mit Schuld leben.«

Vielleicht haben sie recht. Man kann sich erzählen, dass man keine Wahl hatte. Und man kann es sogar glauben. Das menschliche Gehirn kann das. Es lügt einen in den ruhigeren Schlaf. Aber will man das? Will man so leben?

Tom sitzt neben ihr, er lächelt, ein Totläufer ist er nicht.

Sie wird ihn nicht küssen, wenn der Abend zu Ende geht. Seine Lippen werden nah sein, aber sie wird sich ihnen nicht entgegenlehnen. Stattdessen wird sie sich lösen und flüstern: »Weißt du, man muss gehen, wenn es am schöns- ten ist.« Sie wird sich aufrichten, sie wird die Kapuze ihrer Jacke über ihren Kopf ziehen und loslaufen, auf die Lichter der Brücke zu, die so merkwürdig flimmern. Das ist, das weiß sie, das letzte Symptom: Die Augen versagen, die Welt beginnt zu verwischen. Es ist der Moment, in dem sich ihr Zeitfenster schließt. In dem sie handeln müsste. Aber sie wird laufen, weg von der Kneipe, deren beschlagene Scheiben die Musik und das Gelächter dämpfen. Weg von Tom, der ihr etwas nachrufen wird, das sie nicht versteht, weil sie sich schon zu weit entfernt haben wird, viel zu weit. Sie wird laufen und laufen und nicht anhalten, nie wieder. So wird es sein, denkt Yuna.

Doch. Doch.

Die Löschung
oder: [Strg]+[Shift]+[Entf]

Sie sieht vom Fenster des Klosters aus, wie die Fähre versinkt. Es ist kein Untergang in tiefblaues Seewasser hinein, niemand schreit. Der Bootskörper steuert einfach auf eine helle Wand zu, die sich über dem Wasser aufgetürmt hat. Er taucht seitlich in das Weiß hinein und wird von ihm verschluckt. So sieht es zumindest von hier oben aus.

Ihr ist klar, dass es sich um Nebel handeln muss. Oder um Smog auf der Seefläche, um eine besonders tief hängende Wolke, irgendein verrücktes Klimaphänomen, davon gibt es derzeit ja mehr als genug. Die Hitzewelle hat ganze Kontinente im Griff, alle reden schon jetzt vom Glutsommer. Überall stehen Wälder in Flammen, New York versinkt in gelblichem Staub, in Japan regnet Asche aus dem verrußten Himmel. Aber so etwas wie das hier – davon hat sie noch nie gehört. Der Nebel sieht so plastisch aus. Es ist ein merkwürdiges Weiß, denkt sie, irgendwie wattig. Wie aufgeschäumte Gischt oder steif geschlagenes Eiweiß. Ein Flaumteppich, der von Österreich aus über die Alpen herüberrollt und in dicken Schichten über den Chiemsee kriecht.

Auf dem Holzsteg des Fähranlegers treten die Touristen einander auf die Füße. Die Insel ist völlig überfüllt. Sie kommen nicht zur Andacht hierher, natürlich nicht. Keiner von ihnen könnte erklären, was es mit Pfingsten auf sich hat, da ist sie sich sicher. Den Heiligen Geist halten die meisten von ihnen für einen Schnaps. Trotzdem zieht es sie an diesem Wochenende alle auf Frauenchiemsee. Sie trampeln in den Klosterladen, kaufen Rosenkränze und Votivbildchen und Klosterlikör und vor allem das Marzipan, das die Nonnen mit Rosenwasser würzen. Sie marschieren um die Abtei herum, bewundern die hohen Steinwände und die Enten am Uferrand, sinken dann auf die Holzstühle der Räucherei und bestellen Bier in großen Krügen und fettig glänzenden Fisch.

Sie seufzt und reibt sich mit dem schwarzen Ärmel ihrer Ordenstracht über das Gesicht. Die Haube sitzt zu eng, ihr schmerzt, seit sie sie trägt, ständig der Kopf. Deswegen hat sie sich in diesen Steingang im zweiten Stock zurückgezogen. Einen Augenblick lang Ruhe wollte sie haben, Kühle, kurz durchatmen, aber das ist heute nicht möglich. Draußen kläffen angeleinte Hunde, Kinder kreischen, ein Schiffshorn kündigt die nächste Anlandung an, mit noch mehr Reisegruppen, noch mehr Familien, noch mehr Ausflüglern. Zu Beginn der Lockdowns war die Insel der einsamste Ort der Welt. Es gab nur den See und die Nonnen. Die Gaststätten hatten geschlossen, die kleinen Läden mit Töpferkunst waren verrammelt, die Fischerfamilien blieben unter sich. Manchmal konnte sie vor Beklemmung nicht atmen. Der Himmel gähnte sie an, die verwaiste

Uferlinie schnürte ihr die Kehle zu. Später wurde es anders, die Tagesausflügler kamen in Wellen, aus München, aus Rosenheim, entgegen aller Regeln. Sie tobten am Ufer und im Wasser herum, sie spielten Normalität, die Gemeinde bekam *die Fremden nicht in den Griff*. Und nun ist plötzlich alles wieder erlaubt, zumindest bis auf Widerruf.

Draußen bricht gerade Applaus los, sie lehnt sich weiter vor und sieht einen rundlichen Reiseleiter in König-Ludwig-Uniform, der sich vor der Terrasse des Klosterwirts verbeugt. Neben ihm zucken im Drahtgestell des Papierkorbs die Verpackungshauben von unterschiedlichsten Eissorten im Wind. Abends wird es ruhig werden, das weiß sie. Nur die Seminarteilnehmerinnen dürfen über Nacht im Gästehaus des Klosters bleiben, malende Frauen diesmal, die mit ihren Staffeleien und Strohhüten bei den Rosenbüschen im Klostergarten herumstehen: *Kreatives Coaching – zeichne dein inneres Ich.*

Sie blickt wieder auf den See. Das Weiß hängt noch über dem Wasser. Es blockiert die Sicht auf die Bergkette, die Kuppen von Hochgern und Hochfelln. Eigentlich müsste sie den Kapitän noch hören, sie kennt ihn gut, er redet viel über die Lautsprecher, während er an der Längsseite der Insel entlangfährt. Aber das Schiff ist nicht mehr zu hören und nicht mehr zu sehen. Als hätte es es nie gegeben. Nur dieses Weiß ist da. Es scheint sich weiter aufzuplustern.

»Die Watte«, murmelte sie, »hat das Schiff gefressen.«
»Wie bitte?«
Sie zuckt zusammen. »Nichts, Schwester Scholastika.«

Sie schlägt den Blick nieder. Die Schwester mustert sie, ihre Lippen sind ein schmaler Strich. Und sie weiß es ja selbst, dass sie hier nichts verloren hat. An der Rezeption müsste sie sein, die noch fehlenden Seminarteilnehmerinnen in Empfang nehmen, das muss ihr gar nicht erst gesagt werden. Ihr Gewand raschelt, als sie den Gang hinuntereilt, verfolgt vom Hall ihrer eigenen Schritte.

Nobby starrt auf den Reiseleiter und massiert sich dabei das Ohrläppchen. Ihm reicht es mit dem Geschwafel, und zwar schon längst. Schnauze voll von der großen König-Ludwig-Tour, besuchen Sie die Schlösser des Märchenkönigs, Neuschwanstein, Herrenchiemsee, Linderhof und so weiter, alles in drei Tagen, *ein Pfingstmärchen*, und wieso man jetzt an Tag zwei noch diese winzige Insel dranhängen musste, auf der gerade mal ein Kloster, eine Kirche und ein paar kleine Häuschen rumstehen, die alle nichts, aber auch gar nichts mit dem durchgeknallten König zu tun haben, kann er nicht verstehen.

Aber wenigstens ist die Familie gut drauf. Die Frau ist glücklich mit dem Herz aus Zitronenmarzipan, das er ihr geschenkt hat. Und der Junior fand den gläsernen Sarg mit dem Totenschädel in der Kirche *voll stabil*. Man kann wirklich nicht vorhersehen, was dem gefallen wird. Würde er nicht das Smartphone zücken, würde man es eh nie erfahren. Die Zückung des Smartphones ist quasi seine Form der Zustimmung, da muss man schon dankbar für sein. Der wohnt da ja drin. Und wenn er die Kamera mal anmacht und nicht nur stumpf auf dem Bildschirm herumscrollt, dann ist das immerhin eine Verbindung zur Außenwelt. Auch wenn Nobby dieses Selfie-Zeug null versteht, er ist da raus. Also: Die Photos kapiert er schon, ist ja toll, wenn man Dinge festhalten kann und dass das heute so einfach geht. Aber man darf dem Junior nicht mal die Kamera halten, immer muss er da selbst drauf sein, mit ausgerecktem Arm. Früher wäre das uncool gewesen, wenn man sich überall selbst hätte photographieren müssen. Dass man keine Kumpels hat, hätte das geheißen, dass man ein Loser und Nerd und überhaupt ein Versager ist. Aber so denken die heute nicht. Die denken wahrscheinlich gar nicht, das ist ja das Problem. Kann einen schon gruseln, wenn man überlegt, dass die mal den ganzen Laden übernehmen sollen, irgendwann. Nur: Wenn das so weitergeht mit der Welt, dann wird es ein *Irgendwann* sowieso nie geben, insofern ist das wahrscheinlich auch wieder wumpe.

Nobby hat auf jeden Fall keinen Bock mehr. Er hat seine Schuldigkeit getan. Kind gemacht, Haus gebaut und jetzt Familienurlaub, hurra. Hätte er auch nie gedacht, früher, dass er mal übers Büro froh sein wird. Dass er lieber mit seinen Kollegen abhängt als mit dem eigenen Nachwuchs. Homeoffice macht er jedenfalls nicht noch mal mit.

Der Reiseleiter verbeugt sich gerade, endlich, und Nobby klatscht Beifall. In seiner Hosentasche klimpern die Schnapsfläschchen, die er heimlich bei den Nonnen gekauft hat, als er, *Nein, guck nicht, Schneckchen, das ist eine Überraschung,* das mit Zuckerperlen besetzte Marzipanherz bezahlt hat. Ein bisschen Zeit bleibt ihm noch bis zur Weiterfahrt, die wird er nutzen. Mal kurz von der Gruppe hier weg und eine rauchen, her mit dem Giftstängel und dem Schnaps, aber wahrscheinlich ist das eine Nichtraucherinsel und er wird sofort von den Nonnen in den Klosterkerker geworfen. Oder der Geist von König Ludwig kommt auf seinem Schwan vorbeigedüst und nimmt ihn mit auf sein Schloss. Das wäre doch was.

Die Frau zieht eine Schnute, als er sich bei ihr abmeldet. Ist ja süß, dass sie so an ihm hängt. Er hätte es wirklich schlechter treffen können, das ist ihm klar. Sie altert auch gut, die paar Pfunde, die sie jetzt mehr auf den Rippen hat, stehen ihr. Und er hat dann mehr zu greifen.

Er schlendert von der Gruppe weg, einfach den Kiesweg hinunter. Die Insel ist ja nicht groß, vielleicht kann er da an der Spitze auf die Alpen gucken. Eine Ente watschelt mit ihm mit, sie bleibt am Eingang zur Wirtshausterrasse stehen und betrachtet interessiert die Kuchenauswahl, die irgendwer da in Schönschrift auf die Tafel gepinselt hat. *Käsesahne, Schwarzwälder, Sommerbeere, Himmlische.*

Was das wohl sein soll, Himmlische, fragt Nobby sich kurz, aber der Schnaps klimpert wieder in seiner Hosentasche und er läuft weiter, aus der Sichtlinie seiner Frau heraus, die gerade in ihrem Rucksack zu kramen beginnt. Nur wenige Schritte vom Ufer lehnt er sich mit dem Rücken an einen Baum und kippt das erste Fläschchen. Kräuter, nicht schlecht, bisschen zu süß vielleicht.

Dass der Himmel über dem See irgendwie tief hängt,

denkt er, als er das leere Fläschchen ins Schilf wirft. Die Inselspitze ragt fast in ihn hinein. Nur eine knappe Wasserlinie ist noch zu erkennen, bevor der Nebel beginnt. Aber das Wasser sieht komisch aus. Als er jetzt näher herantritt, sieht er es. Der Himmel saugt den See an. Die Wellen schlagen nicht an das Ufer, die fließen rückwärts und schwappen gegen die Wolken. Als wäre die Insel ein Schiff, das mit seinem Bug die Wellen vor sich herschiebt. Oder als wäre das Wasser aus flüssigem Metall und dieser Nebel ein Magnet.

Nobby grunzt und wischt sich mit dem Handrücken über die Lippen. Der Klare ist jetzt dran, daran wird auch dieser komische Anblick da nichts ändern. Seine Kehle brennt, gutes Zeug, viel schärfer als der Kräuterlikör zuvor.

Und vielleicht liegt es am Schnaps oder was, aber was da mit dem Seewasser los ist, das interessiert ihn jetzt doch. Nobby stapft noch weiter vor, bis ganz an den Inselrand. Eine Grasnarbe ragt da über einem Streifen aus Kies, aber da kriegt er noch nasse Füße, wenn er da runtersteigt und wer weiß, wie lange es noch dauert, bis der Reisebus, der am Fähranleger geparkt steht, sie in die nächste, mit dunklem Holz ausgekleidete Pension karrt.

»Boah, was geht denn hier?«

Die Stimme kennt er, da muss er sich gar nicht umdrehen. »Zisch ab, Junior!«, brummt er.

Aber der Junior zischt nirgendwohin und steht plötzlich neben ihm, Schulter an Schulter, der ist jetzt genauso groß wie er. Nur wiegen tut er halb so viel. »Papa, was ist das?«

Seine Stimme kiekst, er klingt auf einmal fast wie früher, als er noch klein und putzig und manchmal auch ein bisschen ängstlich war.

»Tiefnebel«, sagt Nobby und verleiht seiner Stimme den Brustton der Überzeugung. Fehlt noch, dass er sein Unwissen zugibt, wenn der Junior endlich mal wieder von selbst mit ihm spricht. »Wild«, murmelt der Junior, und Nobby nickt und spürt, wie ihm glatt warm ums Herz wird. Denn das, das ist ja schon ein amtliches Gespräch.

Gerade will er etwas sagen, aber irgendwas liegt in der Luft, eine Art Schalltotheit oder Druck, es ist schwer zu beschreiben. Irrt er sich, oder kommt der Nebel näher? Sie lehnen sich beide vor, Vater und Sohn, mit genau der gleichen Bewegung.

»Fass das mal an«, fordert der Junior und zückt sein Phone.

»Spinn nicht«, knurrt Nobby.

Aber natürlich rührt ihn das. Dass der Junior seine Kameralinse auf ihn richtet und nicht auf sich selbst. Das gab es überhaupt noch nie, zumindest nicht, dass Nobby sich erinnern kann. Er sieht sich um. Rechts von ihnen führt ein Bootssteg über das falsch herum strömende Wasser in das Nebelding hinein. Warum nicht, denkt Nobby. Da bleiben seine Füße wenigstens trocken.

»Komm schon, Papa«, bettelt der Junior. Und fügt, als Nobby schnaubt, hinzu: »Bitte.« Das ist nun wirklich spektakulär. Der hat dieses Wort doch gar nicht in seinem Wortschatz, zumindest aktiv benutzt hat er das schon ewig nicht mehr, auch nicht auf Aufforderung hin. Jetzt kann Nobby nicht mehr widerstehen.

Er brummelt vor sich hin, dann macht er sich auf zum Steg. Der Wind fegt ihm ins Gesicht, das Stegholz knarzt unter seinem Gewicht, irgendein Vogel kreischt und verstummt so abrupt, als hätte man ihm den Kopf abgehackt. Und das Weiß, dieses komische Weiß reckt sich vor ihm in die Höhe wie die Steilwand einer unheimlich tiefen Schlucht.

Nobby ist jetzt doch mulmig bei der ganzen Nummer. Er dreht sich zurück zum Ufer, er will abwinken und zurückgehen, Rückzug, Leute, Rückzug, aber da sieht er den Junior, der seine Kamera auf ihn gerichtet hat, ganz gierig und wach. Seine ganze Aufmerksamkeit ist gebündelt, und sie zielt nur auf eins: auf ihn, seinen Vater.

Es gibt kein Zurück. Nobby spürt das ganz genau. Wenn er diesen Augenblick jetzt verspielt, dann wird das nichts mehr mit Vater-Sohn-Bindung und so. Hier geht es jetzt um was. Es geht um Respekt, oder nein, um mehr noch: um Familie und um Liebe, irgendwie.

Ist okay, was soll schon sein, dann fasst er das Ding halt an. Nobby winkt seinem Sohn und streckt seine Hand vor, direkt in das Weiß hinein. Als er sie zurückziehen will, merkt er, dass das nicht geht. Er kann seine Finger nicht mehr bewegen, er kann sie nicht einmal spüren. Es ist, als hätte es den Teil seines Körpers, der da in diesem Weiß drinsteckt, nie gegeben. Er brüllt auf und kippt vorwärts, die leeren Schnapsfläschchen klimpern, der Junior kichert, er zoomt mit seiner Kamera auf ihn, endlich erscheint mal sein Vater in der endlosen Flut aus gespeicherten Selfies, denkt Nobby, endlich existiert er da mal, er, Nobby, wird von seinem Sohn endlich gesehen. Aber das ist ein Gedanke, den Nobby nur noch streift.

Die Menschen stinken. In der Pandemie, denkt sie, haben alle die Hygiene verlernt, zwar waschen sie sich jetzt eifrig die Hände, aber keiner hält es noch für nötig, Deo zu benutzen. Weil sie auf niemanden mehr achten als auf sich selbst. Sie versucht, seitlich wegzuatmen, aber das ist kaum möglich. Alle auf diesem viel zu schmalen Steg schwitzen in der unerwartet prallen Pfingstsonne. Wie ein Kuhgatter ist das hier, drei Linien. Links und rechts landen die Fähren an, nach Herrenchiemsee oder nach Gstadt, die Wartenden schubsen die, die vorne stehen, fast über die Kante. Auf der mittleren Linie drängen alle, die ausgestiegen sind, in die gegenläufige Richtung, auf die Insel zu, so ungeduldig, als würde der Anleger gleich im Wasser versinken. Irgendwer belfert Ansagen durch die Lautsprecher, aber dieses Bayerisch, das kann ja kein Mensch verstehen, das klingt nun wirklich wie eine Kuh, die muht.

Das Seminar war ein Fehler, das weiß sie schon jetzt. Nach La Gomera hätte sie fliegen sollen, da gibt es eine Finca, auf der man Yoga machen kann, Yoga und Meditation, einfach vor sich hinatmen und aufs Meer starren. Aber die Bucht, in der die Finca liegt, ist von einem Steinschlag verschüttet worden, oder zumindest die Zufahrt dorthin. Der halbe Berg soll da runtergekommen sein, bröckeliges Vulkangestein, man müsste da unter Lebensgefahr mit dem Kajak hinschippern, ohne Anlandemöglichkeit, oder über das Geröll kraxeln, auf das von oben immer wieder neue Felsbrocken krachen. Die Website verschweigt das natürlich, aber sie kennt ja Insider, sie ist in der Facebook-Gruppe, sie weiß Bescheid.

Die Insel betritt sie jetzt, so romantisch hat sie sich das vorgestellt, stattdessen rempelt jemand von hinten in sie rein, und das Wetter wird auch noch schlecht. Der ganze See hängt voller Dunst. Aber sie muss sowieso vom Ufer weg, die Touristen lärmen und schubsen sie den Weg entlang. Sie atmet auf, als sie in den Torbogen des Klosters einschlagen und schnell die Tür zur Rezeption hinter sich zuziehen kann.

Die Nonne, die sie am Holztresen in Empfang nimmt, sieht jung aus. Ihre Haare sind unter so einem weißen Ding verborgen, das bedeutet bestimmt etwas, aber sie ist sich nicht sicher, was, vielleicht ist sie Anfängerin. Wie man zu so einem Beruf kommt, ist ihr wirklich ein Rätsel. Ohnehin bizarr ist das mit diesen Inseln hier: Frauenchiemsee, Herrenchiemsee, bei den Frauen das Kloster und bei den Herren das Schloss – politisch korrekt kann das alles nicht sein.

»Willkommen«, lächelt die Nonne, und sie wird sofort ruhig.

Vielleicht war das ja doch richtig. Vielleicht wird ja doch alles gut.

»Niemeyer. Anita. Ich bin Lehrerin«, sagt sie. Das rutscht ihr so raus, dabei hat die Nonne sie das gar nicht gefragt.

»Ein herausfordernder Beruf«, nickt die Nonne.

Sie starrt die Nonne an und spürt, wie ihr die Tränen in die Augen schießen. »Verzeihung«, ruft sie und kramt in ihrer Handtasche nach einem Tempotaschentuch. »Ich weiß gar nicht, was … wissen Sie … niemand sieht das mehr, die Eltern … die Kinder … ich … keiner versteht …« Sie kann nicht weitersprechen.

Die Nonne hat ihr Haupt gesenkt, sie tippt ihre Daten von dem Personalausweis ab, den sie ihr zugeschoben hat. Sie sagt nichts, aber selbst das Geklapper ihrer Tastatur klingt irgendwie tröstlich. Erst als die Nonne im ersten Stock des Gästehauses das Zimmer aufsperrt, spricht sie wieder. »Die viele Zeit daheim – das muss die Schüler verändert haben.«

Wieder steigen ihr die Tränen in die Augen, aber diesmal trägt ihre Stimme. »Lauter Jungs mit Computerspielsucht, die Mädchen haben jetzt alle Essstörungen«, sagt sie und versucht zu lachen.

Die Nonne legt ihr die Hand auf den Arm, und sie kann nicht anders, sie zieht sie zu sich. Einen kurzen Augenblick stehen sie eng umschlungen und atmen. Dann lösen sie sich und lächeln sich unsicher an.

»Sagen Sie, haben Sie den Nebel gesehen?«, fragt die Nonne noch. Ihre Augen sehen riesig aus unter dieser Haube. Riesig und blau, so blau wie der See.

Sie nickt: »Der Dunst auf dem See, ja, das hatte etwas von Avalon.«

Als sie alleine ist, weiß sie plötzlich nichts mehr mit sich anzufangen. Den Koffer müsste sie auspacken, sich frisch machen und zu den anderen Seminarteilnehmerinnen stoßen. Aber sie sinkt auf die Bettkante und starrt vor sich hin. Sie kann die Nonne noch spüren, ihren Herzschlag an ihrer Achsel.

Wie lange sie so sitzt, kann sie gar nicht sagen. Es sind die Schreie, die sie aufmerken lassen. Draußen kreischen und brüllen Menschen, irgendetwas muss da los sein, vielleicht ein anderes Seminar, irgendwas mit Urschrei-Therapie. Aber die Schreie klingen so erschrocken.

Tsunami, denkt sie plötzlich und zuckt zusammen. Ob es sowas gibt, hier auf diesem See? Der soll doch so tief sein und auch so groß, das Bayerische Meer, wer weiß, ob da nicht auch so eine Riesenwelle entstehen kann. Plötzlich wird ihr ganz kalt. Vielleicht gab es Erschütterungen in der Tiefe, vielleicht wäre sie auf La Gomera doch sicherer gewesen. Vielleicht erklärt sich so diese Unruhe, die sie seit Monaten mit sich herumträgt. Aber das ist wahrscheinlich wie bei den Schlangen an den Supermarktkassen: Egal für welche man sich entscheidet, es ist die falsche.

Wieder schreit jemand, und sie springt auf. Sie muss prüfen, was da los ist, schnell. Sie reißt die Tür auf, aber etwas stimmt da nicht, es schleudert ihr den Griff aus der Hand, und sie wundert sich noch, kurz, sehr kurz. Denn der Flur ist so grell.

Ein Bild lädt sich hoch. Es ist ein merkwürdiges Bild, das da jetzt von einem iPhone in der Cloud herumflimmert, ein Glitch vielleicht, denn alles, was darauf zu sehen ist, ist Helligkeit. Als wäre da einfach nichts oder nur gleißendes Licht.

Renke ist alle. Er wischt sich mit dem Unterarm über die Stirn, aber der ist genauso verschwitzt wie der Rest von ihm, seine Haut glitscht, da kann die gekühlte Vitrine mit den Räucherfischbrötchen auch nicht gegen an. Ist ja auch gut, dass das Geschäft wieder läuft. Alle sind so gierig auf Abwechslung, alle wollen raus. Aber dass gleich gar so viele auf die Insel kommen, damit hat er nicht gerechnet. So viele Fische kann er gar nicht aus dem See ziehen und einsalzen, wie heute hier Touristen sind. Völlig irrwitzig, was die da wegfuttern an einem einzigen Wochenende.

Zander hat er noch, gab so viel diesen Winter, der hält sich. Und für morgen ist schon der Fang von heute im Räucherofen, frisch entschuppt und filetiert. Gilt ja einiges aufzuholen, war alles viel zu lange viel zu still.

Irgendwas ist da vorne los, großes Kreischen, vielleicht ein Clown oder ein Straßenmusiker, die verirren sich jetzt sogar schon von München bis hierher. Oder der Inselirre ist jetzt völlig durchgeknallt und schwingt seine Wutreden gegen die Regierung von einem Bierfass herunter, zuzutrauen wäre dem das. Was auch immer es ist: Es zieht ihm die Kunden ab, sie drehen ihm den Rücken zu, flocken sich zusammen wie ein Schwarm von Barben und drängeln alle an den Zaun, um besser sehen zu können. Ärgern sollte ihn das, aber er ist nur froh, dass er mal kurz Luft hat, ehr-

lich. Er zieht sich ein Bier aus dem Kühlschrank, Tegern-
seer Helles, Konkurrenz, das darf er keinen sehen lassen,
schmeckt halt.

Das Bier kühlt ihm die Kehle. Er rülpst. Alles gut. Bald
ist er ausverkauft für heute. Und die nächsten Tage soll
auch so schönes Wetter bleiben, Pfingstferien, da kommt
noch mal richtig Schwung in die Bude, und dann ist bald
Sommer, endlich.

Er nimmt noch einen großen Schluck. Dass das Gekreische nicht aufhört, wundert ihn nun doch, er tritt vor und
streckt den Hals aus seiner Bude. Und plötzlich setzt sich
der Schwarm aus Kundschaft in Bewegung, die stieben
auseinander, einer reißt sich am Zaun die Jacke auf und
stürzt, ein anderer trampelt ihm einfach auf den Kopf, da
knackt ein Schädel, sie brüllen und rufen und rudern mit
den Armen, er versteht das nicht, wo wollen die denn hin.
Oder anders: Wovor laufen sie denn weg?

Wahrscheinlich müsste er ihnen folgen, müsste da mal
eingreifen und für Ordnung sorgen, aber er lässt sich zu-
rücksinken auf seinen Schemel, das wird schon warten
können, egal was die da veranstalten, diese Städter, er hält
die kühle Flasche an seine Schläfe, und dann setzt er noch
einmal an und schließt die Augen und trinkt einen ordentlichen Schluck.

Sie rennen. Hand in Hand rennen sie weg, aber sie wissen eigentlich gar nicht wohin. Ins Wasser müsste man
springen, dann könnte man vielleicht nach Gstadt rüber-

schwimmen, aber was immer das ist, das da näher rückt, es ist schnell, zu schnell, und vor allem: viel schneller als sie.

»Warte!«, keucht sie und hängt sich an Max' Hand wie totes Gewicht.

Er fährt herum, in seinen Augen blitzt Panik auf, sie ahnt, dass er überlegt, sie zurückzulassen, sie dem Ding da zum Fraß vorzuwerfen, sie kennt ihn ja, sie kann ihn lesen, auch wenn er nichts sagt, auch wenn er sie nur anstarrt unter flatternden Wimpern, aber dann fängt er sich, er atmet durch und fragt: »Was?«

Sie weiß ja auch nicht *Was*, es gibt kein Was oder Wie oder Wohin, alles ist zersprungen innerhalb von Sekunden, und jetzt stehen sie hier und schnaufen und haben wahrscheinlich nur noch diesen letzten Moment. Hinter ihnen werden die Menschen verschlungen, wobei, das trifft es nicht ganz: Sie schlüpfen einfach in dieses weiße Ding hinein und werden still und kommen nicht mehr raus. So etwas gibt es nicht oder nur in Filmen und deswegen gibt es auch keine Antwort darauf und kein Was oder Wie und vor allem: kein Weg.

Ist vielleicht auch besser so, man spart sich das, was auf dieser Erde ohnehin noch kommen wird: Kriege und Klima, Ströme von verhungernden, ertrinkenden, verbrennenden Menschen, Bomben und Hunger, Kampf um Trinkwasser, Viren und Chemikalien, gibt längst genug Gründe, mit alldem hier aufzuhören, ist doch eh alles schon zum Greifen nahe, Tod, Terror, Angst, auch wenn sie jeden Morgen beim Zähneputzen so tun, als existierte das nicht. Als wäre das, worauf dieser Planet zurauscht, nicht ohnehin das Verderben, und als hätte man überhaupt eine Wahl.

Sie streichelt Max' Gesicht, diese Wangenknochen, die sie so liebt. An ihre Kinder hatte sie die weitergeben wollen, Kinder, die sie nun niemals haben werden, Kinder, die nicht in dem Garten spielen werden, in dem sie gerade einen Apfelbaum gepflanzt und eine smart gesteuerte Beregnungsanlage eingebuddelt haben, und denen all das hier jetzt erspart bleiben wird. Sie sieht die Wärme in seinem Blick, als er jetzt versteht, einfach versteht, sie versteht, wie er sie von Anfang an verstanden hat, und sich jetzt zu ihr beugt und sie an sich zieht, ein letztes Mal. Sie spürt ihn, seinen aufgescheuchten Herzschlag, sein Atem in ihrem Nacken, und ein großer Frieden kommt über sie, sie will gar nichts anderes als das: ihn spüren.

Und vielleicht ist es doch gut, denkt sie noch, dass das das Ende ist, ein besseres als dieses kann es doch ohnehin gar nicht geben: einen verlöschenden Kuss.

Er geht live. Seine Hände zittern, als er den Befehl auf seinem Smartphone aktiviert. Es überrascht ihn, dass das Netz noch hält, dass nicht alle Leute gleichzeitig begonnen haben zu telefonieren, so wie man das in Filmen mit abstürzenden Flugzeugen sieht oder in Weltuntergangsszenarien, in denen Menschenmassen durch die Straßenschluchten von New York rennen und panisch versuchen, ihre Familien zu erreichen, und alles überlastet ist und zusammenkracht. Hier telefoniert niemand, niemand kommt auf die Idee, die Feuerwehr zu alarmieren oder den Katastrophenschutz oder die Wasserwacht oder wen auch immer, er scheint der Einzige zu sein, der hier noch kühlen Kopf behält, der den Draht nach draußen überhaupt noch sucht, auch wenn er nicht wirklich Hilfe holt, weil wer soll da schon helfen. Aber er hat ja Follower und eine Community auf seinem TikTok-Kanal, und wenn er jetzt live geht, dann ist er eben wenigstens das: der letzte Reporter aus dem Auge des Tornados.

»Leute, ich weiß nicht, was hier abgeht, aber das ist voll Doomsday!«, spricht er in die Linse seiner Kamera hinein und betrachtet dabei sein eigenes Gesicht auf dem Display. Viel zu unbeteiligt sieht er da aus, das muss er ändern. Schnell legt er die Stirn in Sorgenfalten und fährt sich einmal mit der Hand durch die zu ordentlichen Haare. Die ersten Herzen tickern schon rein, Grüße aus Neuseeland, Thailand, Kanada, bisher begreift keiner den Ernst der Lage, aber das liegt natürlich an ihm, er ist zu ruhig, zu gefasst.

»Mann«, ruft er. »Echt jetzt! Hier sterben alle, irgendwas frisst uns auf oder so!« Er switcht auf Frontkamera und lässt das Bild in seiner Hand ein bisschen erzittern, für mehr Dramatik. Ist ein blöder Move gewesen, jetzt können seine Follower ihn nicht mehr sehen.

Aber er hat Glück: Genau auf Cue taucht es hinter dem Torbogen auf, dieses komische Nebelding, das aussieht wie ein sich stetig verformender, aufquellender Marshmallow-mann, der irgendwie alles einfach auffrisst und weglöscht,

als hätte da wer den Shortcut für den Löschbefehl einge-
geben: [Strg]+[Shift]+[Entf].

»Nebel des Grauens!«, ruft er und zoomt genau in dem
Moment ran, in dem ein staunendes kleines Mädchen in
dem Ding verschwindet. Das Mädchen selbst hat keinen
Mucks gemacht, zu überrascht war sie und zu schnell weg,
aber ihre Mutter fällt kreischend auf die Knie, mitten auf
dem Kiesweg, sie heult und ringt die Hände in den Himmel und rutscht herum und schürft sich die Haut an den
spitzen Kieselsteinen auf, aber das Ding beugt sich über sie,
und schon ist auch sie Geschichte.

Das sitzt.

OMG und *WTF* fließen jetzt die Kommentare über seinen Bildschirm, *LOL*, die Views schießen hoch, so viele Zuschauer hatte er noch nie, bestimmt steigen da auch seine
Followerzahlen, sogar Geschenke bekommt er, als er jetzt
wieder auf Selfie-Modus umschaltet. Jemand setzt ihm eine
digitale Clownsnase und eine Sonnenbrille auf, ein anderer schickt einen rotierenden Planeten, der Nächste spen-
diert einen rosafarbenen, vorüberhechelnden Hund. Pures
Cash ist das, das fließt jetzt alles in seinen Account. Schade
nur, dass er die Kohle nicht mehr einlösen wird können, die
könnte er gut gebrauchen für neues Equipment oder einfach auch mal für ein anständiges Essen, jenseits von Mensa
und Fast Food und Dosenfutter, aber ganz ehrlich: dass er
hier nicht mehr heil rauskommen wird, das ist ja wohl klar.

Hinter ihm kreischt jemand, Todesangst klingt wohl so,
und nun packt es ihn doch, das geht glatt durch die Psycho-

pharmaka durch, mit denen sie ihn vollgepumpt haben, seit er wegen Angstattacken beim Abi in der Klinik gelandet war und keiner geglaubt hat, dass er da je wieder entlassen wird. Scheiß Pandemie aber auch.

»*R u ok*«, will jemand aus Florida wissen, so langsam raffen die, was hier abgeht und dass das kein Fake ist, und, nein, verdammt, natürlich ist er nicht *okay*, das hier, das ist sein Schwanengesang, sein Untergang, er muss ihn nur würdig rüberbringen, irgendwie episch halt, sodass die Mitschnitte vom Live geteilt und gerepostet werden und er ein ewiger Stern bleibt und nie erlischt am digital sky.

Er atmet durch. Was einfallen lassen muss er sich, und zwar mächtig schnell, irgendwas, das bleibt – so wie man noch heute davon spricht, dass das Orchester auf der Titanic weitergespielt haben soll, weiter und weiter bis zum bitteren Schluss, blubbblubb.

Tanz auf dem Vulkan. Das ist es, was er jetzt machen wird. Shuffeln hat er sich schließlich beigebracht während der Lockdowns, deswegen ist er überhaupt auf TikTok gelandet, toller Tanzstil einfach, sieht aus, als würde er die Erde unter seinen Füßen zum schnelleren Rotieren bringen, da ist er jetzt ziemlich gut drin, hat sogar bei einem Turnier in Barcelona teilgenommen, ohne sich zu blamieren. Und glücklich macht ihn das auch. Irgendwas ist da dran, an diesen Bewegungsfolgen, eine Art Schwerelosigkeit, die seine Seele beruhigt. Weswegen er auf den Videos so strahlt und alle denken, er sei super happy. Dabei ist das alles viel anstrengender und schwieriger, als es wirkt.

Wieder kreischt jemand, aber er dreht sich gar nicht erst um. Er lehnt sein Handy an einen Stein, sodass der Frame, der ihm zur Verfügung steht, größer wird. Seine Boombox hat er schnell verbunden, Bluetooth läuft, nur einen Soundtrack braucht er noch für seinen Abgang hier, schnell, da muss ihm jetzt was Passendes einfallen, und er hat's ja auch schon gespeichert, K. I. Z. mit AnnenMayKantereit. »*Und wir singen im Atomschutzbunker*«, röhrt Henning May. »*Hurra, diese Welt geht unter!*«

Er lässt einen Impuls durch seinen Körper zucken, dann setzt er sich in Bewegung. Freestyle, Running Man, T-Step, erst zögerlich, dann, als die Nebelzunge schon fast an seinem tanzenden Fuß zu lecken beginnt, immer wilder. Er schwenkt seinen Oberkörper wie im Sturm, vor und zurück, er neckt das Nebelding, so leicht lässt er sich nicht kriegen vom Marshmallowmann, er nicht, er reckt ihm die Arme entgegen, die Füße und zieht sie zurück, er wirbelt herum, holt alles aus seinem Körper raus, diesem Körper, der gleich nutzlos sein und niemals alt werden wird, der aber jetzt noch einmal alles gibt. »Hurra«, brüllt er gemeinsam mit Henning, »diese Welt geht unter!« Er tanzt und tanzt, die Herzen flimmern über seinen Bildschirm, irgendein Witzbold schickt einen Atompilz, die Likes sind gleich sechsstellig, das sieht er noch, jubelnd, er reißt die Arme hoch, er holt tief Luft, so tief er kann, einmal noch die Lunge dehnen und brüllen: »Auf den Trümmern das Paradies!«, und dann ist es vorbei.

Sein Rollstuhl hakt. Ein Kieselstein hat sich im Getriebe verklemmt, das Gestell rattert und ruckelt, er kommt nicht voran. Meissner flucht. Auf dem Friedhof hängt er jetzt fest, umgeben von Toten und Grabmälern, ausgerechnet, das kann doch nicht wahr sein.

Die Grabsteine höhnen ihn an, seinen Namen kann er da förmlich schon eingemeißelt sehen, fehlt nur noch, dass der Boden sich auftut und der herumbockende Rollstuhl ihn direkt in die Grube kippt, ohne Sarg, das wäre doch fast umweltfreundlich.

Über ihm thront der Glockenturm, eine Architektur gewordene Drohung, die Spitze des Zwiebeldachs ist schon in Nebel getunkt. Überhaupt scheint der Dunst sich abgesenkt zu haben, die Partikel wabern schon um Meissner herum, alles verliert seine Farbe. Die Friedhofsmauer ist ausgeblichen, die Blumen auf den Gräbern sehen fahl aus, nur ein einziger Sonnenstrahl fällt vor Meissner direkt auf den Kiesweg, der auf die Vorhalle der Kirche zuführt.

Meissner versucht, den Kopf zu drehen, soweit er kann. Irgendjemand muss ihm helfen, muss ihn die letzten paar Meter bis zum Rundportal schieben, hin zu dieser wuchtigen Tür mit dem bronzenen Löwenkopf als Türklopfer. Aber es ist keiner da, nur ein paar steinerne Engel starren ihn von den Gräbern aus an, einer von ihnen reckt sein Schwert in Meissners Richtung. Niemand außer Meissner ist auf die Idee gekommen, in die Basilika zu fliehen, gegen jeden Schutzreflex geht das ja auch, man musste direkt auf die Gefahr zurennen oder in seinem Fall -rollen.

Für Meissner ist die Sache klar: Das, was hier passiert, ist die fleischgewordene Rache Gottes. Der Nebel ist der Heilige Geist höchstpersönlich, er hat genug von den Menschen, von ihrer Blasphemie und Egozentrik, ihrer Faulheit und ihrer Gier. Er ist erschienen und holt sich heute, am Pfingstsonntag, alle Heiden, so wie er damals den Jüngern erschienen sein soll, in Feuerzungen, die aus brausendem Himmel herunterloderten: *Ich werde Wunder erscheinen lassen droben am Himmel / und Zeichen unten auf der Erde / Blut und Feuer und qualmenden Rauch.*

Wo also, wenn nicht im Kirchenschiff, kann man noch Zuflucht vor Gottes Zorn finden. Er ist sich fast sicher, dass Weihwasser gegen diesen Spuk helfen wird, für irgendwas muss die jahrzehntelang gezahlte Kirchensteuer doch gut sein. Vielleicht wirken auch ein Opferlicht in der Kapelle der Heiligen Irmengard und ein paar Takte auf der Kirchenorgel. Es spricht, denkt Meissner, nicht für die Nonnen, dass nicht mal sie diesen Gedanken hatten, zumindest ist weit und breit keine von ihnen zu sehen, nicht eine einzige, die ihn jetzt zur Kirchenschwelle tragen könnte.

Meissner versucht, den Motor noch einmal neu zu starten, er muss vorwärts, er muss in den Kirchenbau hinein, Gebete werden nicht reichen. Alle Ungläubigen fangen im Angesicht des Jüngsten Gerichtes an, sich an das *Vaterunser* zu erinnern, da braucht man schon schwerere Geschütze. Und mit dem Heiligen Geist ist nicht zu spaßen, das ist Meissner klar, der brannte sich schließlich in die Gehirne der Jünger, er höhlte sie aus und ließ dann ihre Hüllen seine Überzeugungen herumposaunen, sie waren plappernde Marionetten in seiner eisernen Hand, die ganze Symbolisiererei mit der weißen Taube sollte diese Grausamkeit nur verschleiern: *Ich werde von meinem Geist ausgießen über alles Fleisch.*

Ein letztes Ruckeln und der Motor seines Rollstuhls würgt sich ab. Meissner flucht erneut. Noch einmal fliegt sein Blick über die Gräber hinweg zum Friedhofseingang, aber da ist niemand, immer noch eilen keine Nonnen zu Hilfe, stattdessen wabert weißer Kriechnebel über die Friedhofsmauer wie das Stickstoffzeug in diesen neumodischen Restaurants mit Molekularküche. Er schnallt sich ab und wirft sich mit seinem Oberkörper nach vorne, muss doch möglich sein, auf diese Tür da zuzurobben, zu dieser Schwelle, die von den Schuhsohlen der vielen Besucher schon ganz eingedellt ist wie eine speckige, glattgewetzte Kuhle, hin zum Weihrauch, hin zu Gott.

Der Aufprall ist hart, aber er spürt das kaum, seine Beinstummel leiten ja nichts weiter, schon seit Jahrzehnten nicht mehr. Schon verrückt, dass nie jemand so richtig nachfragt, was da eigentlich genau passiert ist damals. So wie nie jemand so richtig versteht, wie alt er eigentlich ist. Zu jung, denken sie alle, zu jung, um Schlimmes getan zu haben, aber für manches ist man eben nicht zu jung, es ist eine Frage des Charakters. Und sein Charakter, nun, der hätte eben kälter nicht sein können.

Ironie des Schicksals, dass er auf einer Höhe mit dem Steinkreuz vom Jodl-Grab ist, dem Hitlergeneral und zum Tode verurteilten Kriegsverbrecher, der hier natürlich gar nicht begraben ist und dessen Gedenkstein ständig wieder Zank auslöst.

Jetzt starrt das Kreuz ihn von der Seite an, und Meissner krallt seine Hände in den Kiesweg und versucht, sich vorwärtszuziehen, weg von dem Kreuz und auf die Kirche zu, er keucht, und plötzlich spürt er ein Druckgefühl, das sich von oben auf ihn niedersenkt, ganz haptisch ist das, so als würde der Himmel sich schließen wie eine Gruft. *Die Sonne wird sich in Finsternis verwandeln / und der Mond in Blut.* Wie Blei legt es sich auf ihn nieder, sein ganzer Körper wird so schwer, er kann ihn nicht mehr weiterzerren, sosehr er es auch versucht.

Mit einem Wutschrei rollt Meissner sich auf den Rücken. Sehen will er ihn, seinen Gegner, ihm in die Augen starren, wenigstens, auch wenn das, was sich da auf ihn absenkt, wahrscheinlich gar keine Augen hat.

Das Licht ist so hell über ihm. Ob das vielleicht doch eine riesige weiße Taube ist, fragt Meissner sich noch. Ob all die Gemälde nicht doch recht hatten und sich über ihm gerade ein großer weißer Vogel ausbreitet, mit glänzendem Gefieder und weiten, sich langsam absenkenden Schwingen.

Er findet ihn schön.

Kühl und dunkel ist es hier drin, wie in einer Grotte. Sie senkt den Kopf und beginnt zu beten. Die Tränen laufen ihr über das Gesicht. Sie ist die Letzte, das kann sie spüren. Niemand war bei ihr, als sie durch die Gänge hierherrannte, niemand.

Sie sind alle verschwunden. Die Frau, die sie da vorhin noch an der Rezeption in Empfang genommen hat, diese Lehrerin mit dem langen, glänzenden Haar, die so unglücklich war und so hübsch. Die Mutter Oberin, die vielen, vielen Touristen, die Schwestern, Fischer, Kellner, Köche, Kapitäne, Verkäufer, nicht einmal der Klosterhund, dieser niedliche Mischling, den sie vor Kurzem aufgenommen haben: Niemand ist mehr hier, außer ihr.

Die Stille, die sie sich vorhin noch herbeigewünscht hat, dröhnt jetzt in ihren Ohren. Sie kann sich nicht erinnern, dass es jemals so still war. Irgendetwas hört man hier ja immer, den Gesang der Schwestern, das Heulen des Windes, das Summen der Insekten, das Schaben der Zweige am Fenster oder das Heranschwappen der Wellen am Ufer.

Jetzt aber kann sie außer ihrem eigenen Atem gar nichts mehr hören, und der ist laut, viel zu laut. Ganz abgehackt kommen die Atemstöße, sie zerstückeln ihr die Gedanken. Die Worte, die sie denken müsste, wollen einfach nicht kommen. Ihr fällt nichts ein, kein Psalm, kein Gebet, kein Bitten und Flehen, nichts. Wen soll sie denn auch anrufen, Gott, Maria, die Selige Irmengard, und was soll sie schon sagen, worum soll sie nur bitten, sie weiß es einfach nicht, ihre gefalteten, schwitzenden Hände zittern, und es nützt alles nichts, sie trocknet sich die Finger an ihrem Ordensgewand und steht auf.

Die Kapelle mit den Gebeinen von Irmengard hat sie vor sich, die Wand mit den Votivtafeln hinter sich, es ist hier so dunkel wie in einer Höhle. Sonst liebt sie die Rückseite des Hochaltars, vor allem nachts, immer wieder zieht sie sich hierhin zurück, um die Danksagungen zu lesen, diese vielen, in Schönschrift gemalten und eingerahmten Briefe von Hoffenden und Glaubenden, von einer Dienstmagd aus den dreißiger Jahren, einer Kriegswitwe, deren Kinderwunsch sich erfüllte, Pilger, die wieder gesund wurden oder Arbeit fanden. Aber heute ist alles nur finster um sie herum, es riecht modrig, die Buchstaben aus den Tafeln recken sich ihr wie Spinnenbeine entgegen, plötzlich ist sie sich der Skelettknochen bewusst, die zur Ansicht in der Kapelle aufgebahrt sind, und die Wände sind schwarz vom Ruß der vielen, vielen Opferkerzen, die hier entzündet werden, und sie zuckt zurück und läuft in einem Bogen über den Steinboden hinweg, zur Vorderseite des Altars, so schnell sie ihre Beine tragen.

Goldenes Licht fällt durch die Fenster. Ihr stockt fast der Atem. Das Bild der Heiligen Irmengard hängt, von Goldreben umrankt, hoch oben, dabei gehört es da doch gar nicht hin, noch nicht um diese Zeit. Und die Kerzen brennen, wieso brennen die Kerzen, alle Kerzen und Lichtlein scheinen sich selbst entzündet zu haben, der ganze Innenraum erglimmt im warmen, flackernden Licht. Etwas Leuchtendes strömt über den Steinboden und auf die Altarstufen zu. Das Betgestühl beginnt im Nebel zu versinken, ein goldener Dunst fließt um ihre Füße herum, aber er berührt sie nicht, er wirbelt vor ihr weg, als stünde sie auf einer Erhöhung. Wieder hebt sie den Blick (Hat sie etwas gehört? Einen singenden Ton?), und plötzlich kann sie die

Selige Irmengard sehen, wie sie da schwebt, losgelöst von ihrem Gemälde steht sie mitten im Raum, hoch über ihr, was ist das, wie kann das sein, und sie fällt auf die Knie, die Arme weit ausgebreitet, den Blick erhoben, den Brustkorb geweitet.

»Irmengard«, wispert sie, »bitte hilf.«

Sie kann ihr eigenes Flüstern kaum hören, so zaghaft kommen ihr die Worte über die Lippen, aber es fühlt sich richtig an, denn das wurde ihr doch gesagt, schon am ersten Tag auf der Insel hatte die Älteste der Nonnen, die so klein war und gar nicht aufrecht stehen konnte, es ihr gesagt: »Irmengard hilft, sie ist eine große Helferin.«

Und sie wiederholt es noch einmal, mit festerer, hellerer Stimme diesmal, eine Melodie ist es, die sie hinaufschickt, in die Höhe der Kirchendecke, kraftvoll und klar: »Selige Irmengard, bitte hilf!«

Das Glück strömt durch ihren Körper, alles in ihr wird ruhig und frei, und sie sieht es genau, sie sieht es im Gesicht der Seligen, in diesen feinen Gesichtszügen, die sich leicht verziehen, während im ganzen Kirchenschiff die Lichtlein flackern und blinken und irgendwo ein Glöckchen zu klingeln beginnt, ganz leise, es gibt keinen Zweifel.

Irmengard zwinkert ihr zu.

Point Nemo

Es ist Montag. Das Wasser ist kalt und blau. Mayer kann die Kälte schon auf seiner Haut spüren, dabei steht er noch in der Umkleidekabine vor seinem Spind und umklammert die Münze, die sich nicht in den Schlitz schieben lässt. Seine Finger wollen sich nicht richtig bewegen. Er ist mit dem Fahrrad zum Hallenbad gefahren, trotz seines Alters, durch Schnee und Matsch und ohne Handschuhe.

In seiner Wohnung hat er die Heizung abgedreht. Energie soll gespart werden, muss gespart werden, wegen des Kriegs und den unterseeischen Gasleitungen, die das Land mit den Russen verbinden. Jemand hat einen Fehler gemacht, und nun muss Mayer frieren. Jeden Morgen nimmt er mit einem Tuch das Kondenswasser von den Scheiben. Das Quietschen des Lappens ist das erste Geräusch, das er in der stillen Wohnung hört. Erst wenn die Scheiben trocken gerieben sind und die Sicht auf den dunklen Innenhof freigeben, schaltet er in der Küche die Kaffeemaschine und das Radio an. Dass er das Klima in seiner Wohnung zum Kippen gebracht hat, schimpft seine Schwester. Von Schimmel redet sie, von pelzigen Flecken, die er im nächsten Jahr hinter seinen Schränken finden wird, und deren Sporen ihm in die Lunge gekrochen sein werden. Dabei weiß doch er über schimmelnde Gebäude und Kältebrücken sehr viel mehr als sie.

Die Münze fällt klappernd in das Plastikfach. Mayer faltet seine Jacke mit der Außenseite um seinen gelben Schal und schiebt sie mit dem trockenen Innenfutter nach außen in den Schrank. In der Umkleidekabine riecht es nach Chlor. Das ist gut, es ist der Geruch von Montagen. In Mayers Leben hat jeder Wochentag seinen eigenen Geruch. Dienstage riechen modrig, weil der Chef ihn weiterbeschäftigt, auch als Rentner noch, unter der Hand, einmal die Woche. Will ja sonst niemand mehr Haustechniker werden und in feuchten Kellern nach Lecks suchen. Mittwoche (Ist das die Mehrzahl?, fragt sich Mayer) duften nach dem Fladenbrot, das die türkische Nachbarin in der zweiten Etage bäckt und das er abends, wenn er heimkommt, auf der Stiege erschnuppern kann. Donnerstage erkennt er am Gestank des Müllwagens vorm Wohnstubenfenster. Der Freitag ist eher ein Geschmack als ein Geruch: nach dem Fisch, den er sich in seiner Eisenpfanne brutzelt, mal mit Panade, mal gesalzen, mal als Stäbchen oder Filet, in aufzischendem Butterschmalz. An Samstagen sieht er sich in der Raucherkneipe am Eck die Bundesligaspiele an. Wenn Harlan neben ihm sitzt, der Taxifahrer mit der tiefen Stimme, sind Mayers graue Locken hinterher gewürzt von dessen Zigarren. Sonntage sind vom Weihrauch durchzogen, und montags kommt wieder das Chlor, so wie jetzt.

Es ist heute stiller als sonst. An der Kälte liegt das, denkt Mayer, als er aus Schuhen, Strümpfen und Hose schlüpft und seine nackten Fußsohlen die Bodenfliesen berühren. In der ganzen Stadt ist das Wasser jetzt kühler. Mit den Russen hängt auch das zusammen, weiß Mayer. Der Inhalt der Gasspeicher sinkt, und folglich sinkt auch die Temperatur in den Becken. Weniger Menschen kommen deswegen hierher. Die Kindergartengruppe, die sonst montags hier herumpurzelt und deren Gequietsche von den grau gefliesten Wänden schallt, hat Mayer seit drei Wochen nicht mehr gesehen. Ob die Gruppe aus Rentnern noch vollzählig ist, die sonst montags im niedrigen Ende herumsteht und sich anplappert, wird er gleich überprüfen. Die Dame, deren geblümter Badeanzug über die Jahre deutlich enger und ausgeblichener geworden ist, war schon am letzten Montag nicht dabei, aber das kommt vor. Es wird immer mal einer krank oder erscheint nicht oder stirbt.

Unter der Dusche zuckt Mayer zusammen, als der kalte Strahl auf seinen Rücken prallt. Es fühlt sich an wie zu Hause. Da hätte er im Herbst gar keine neue Mischbatterie einbauen müssen, weil er jetzt sowieso nur noch Kaltwasser nutzt. Legionellen werde er dadurch in seinen Leitungen züchten, schimpft seine Schwester, Schwärme von bösen Bakterien, die ihm mit den abspringenden Wassertröpfchen in die Atemwege hüpfen. Dass seine Schwester mal lieber kalt duschen sollte, denkt Mayer, das täte ihr gut. Auch wenn sie mit den Legionellen nicht unrecht hat.

Die Kollegen vom Sanitär schlagen schon Alarm. Wenn jemand von dieser Krise ganz begeistert ist, dann sind es wohl die Legionellen.

Er faltet sein Handtuch über die nasse Armbeuge und öffnet mit einem Ruck die gläserne Tür zur Schwimmhalle. Die Sportschwimmer ziehen schon ihre Bahnen. Die meisten von ihnen haben sich Neoprenanzüge gekauft, als die Zeitungen die Absenkung der Wassertemperatur zu verkünden begannen. Kraulend gleiten sie durch das Becken, mit kreisrund geöffneten Mündern und festgezurrten Taucherbrillen. Ihre Haare haben sie unter Badekappen versteckt, das Neopren liegt glitschig und schwarz an ihren Körpern an, sie sehen aus wie Seelöwen.

Mayer legt den Kopf in den Nacken. Er liebt die Höhe dieses Hallenbades. Die Backsteinwände sind so hoch, dass man nicht einmal die Maserung der Decke erkennen kann. Direkt unter dem Flachdach zieht sich ein breiter Fenstersaum um den ganzen Bau. Wenn die Sonne aufgeht, wird sie zu einem Ring aus Licht, durch den die Sonnenstrahlen auf die Wasserfläche fallen. Der Bademeister, der aus einem gläsernen Kabuff heraus das ganze Schwimmbad im Blick hat, wird dann die Unterwasserbeleuchtung ausschalten. Aber noch ist dort oben alles dunkel. Mayer könnte sich auch in einem Aufzugschacht befinden oder auf dem Boden eines sehr tiefen Brunnens.

Hinter sich hört Mayer das flinke Tapsen von nackten Fußsohlen auf Kacheln. Ein Junge in roter Badehose rennt auf Mayer zu, er ist vielleicht halb so groß wie er.

Mayer kann gerade noch zur Seite treten, als der Junge an ihm vorbeisaust und vom Startblock abspringt. Sein dünner Körper hält sich einen Moment in der Luft, die Hände weit über den Kopf gereckt. Die Zeit steht still, das Wasser sieht aus wie Glas. Mayer rührt sich nicht, auch der Bademeister hinter seiner Scheibe sitzt stumm und starrt in die Richtung des Jungen. Dann ist es vorbei, das Glas splittert in alle Richtungen, als die Fingerspitzen des Jungen die Wasseroberfläche berühren. Der Bademeister notiert sich etwas auf seinem Block.

Früher ist Mayer auch gesprungen. Er kann sich an die vielen Male erinnern, in denen das Wasser über seinem Körper zusammenschlug. In seiner Erinnerung werden sie zu einem einzigen großen Sinken: in Flüsse hinein, in Süßwasserseen, in salziges Meer, in die Riviera, die Adria, den Atlantik. Er kann sich an den plötzlichen Druck auf seinen Ohren erinnern, an die kurze Orientierungslosigkeit, das Blau, das Grün. Mayer hat diesen Augenblick geliebt. Aber einmal, ein entscheidendes Mal, war ihm ein Stein im Weg. Ein Unterwasserfels, der dort gar nicht hätte sein dürfen und der dort, davon ist Mayer noch heute überzeugt, vorher nie war. Mayer hat Glück gehabt, sein Handgelenk brach, aber sein Schädel blieb ganz. Knapp war es trotzdem, sagten ihm die Ärzte, die ihm eine Gehirnerschütterung und einen Dickschädel attestierten und ihn über Nacht im Krankenhaus behalten wollten, weil, wie sie sagten, sein Hirn noch schwellen könnte. Mayer weigerte sich und fuhr mit der Straßenbahn nach Hause. In dieser Nacht sah er Quallen und Kraken um sein Bett herumwabern, aber gegen Morgen waren sie verschwunden. Gesprungen ist er seither nie wieder.

Der Junge in der roten Badehose taucht gerade an den Beckenrand heran. Mayer stutzt, als er den schwimmenden Körper von oben betrachtet. Die Badehose des Jungen hat ihre Farbe gewechselt. Sie ist gar nicht rot, sondern gelb. Als hätte das Wasser den Stoff umgefärbt. Das Gelb ist sonnig und kräftig, es erinnert ihn an etwas, aber er weiß nicht, woran. Mayer schüttelt den Kopf und legt sein gefaltetes Handtuch auf die Steinbank, die sich an der Seitenwand entlangzieht.

Als seine Füße die stählerne Leiter betreten, atmet Mayer nicht. Er denkt auch nicht. Alles in ihm hält an, während sein Körper sich ins Wasser absenkt. Nur so lässt sich die Kälte ertragen. Das hat er im vorletzten Winter herausgefunden. Als da die Schwimmbäder geschlossen blieben, und die ganze Stadt so still war, blieb Mayer an den ersten zwei Montagen zu Hause. Am dritten Montag hielt er es nicht mehr aus und radelte an den See beim Flughafen. Das Wasser war gar nicht so kalt, wie er dachte. Schwierig wurde es erst, als am nächsten Montag eine Eisschicht den Weg ins Wasser versperrte. Von da an nahm Mayer eine kleine Axt aus seinem Werkzeugkoffer mit. Darüber freuten sich dann auch die jungen Leute, die aus ihren Seeblick-Wohnungen herbeieilten, nach ein paar Sekunden im Wasser wieder verschwanden und sich rot gerubbelt und stolz in ihren Schlafzimmern oder Küchen oder

Wohnzimmern oder Fluren an ihre Computer setzten, um dort die Arbeit zu machen, die sie in ihren Büros nicht mehr machen durften.

Mal sehen, denkt Mayer, als er in gleichmäßigen Schwimmzügen die Unterwasserrampe zum Nichtschwimmerbereich überquert, mal sehen, was ihnen nächstes Jahr einfällt. Im letzten Winter war es der Impfnachweis gewesen, den Mayer vorzeigen musste. Im Sommer wollten sie dann, dass er am Vortag im Internet ein Zeitfenster ankreuzte und im Freibad nur im Kreis schwamm. Einem Abstand von drei Schwimmlängen musste Mayer da zum Vordermann einhalten. Der auf seinem Ausguck thronende Bademeister hatte an den aus den Lautsprechern dröhnenden Ermahnungen viel Freude. Ständig änderte sich etwas. Aber es ist, denkt Mayer, eigentlich egal, was kommt. Man muss sich nur einrichten. Wenn um einen herum die Dinge in sich zusammenfallen, macht man sich eben seine eigene Ordnung.

Von den Rentnern steht heute nur einer im Nichtschwimmerbereich. Es ist der Magere mit den eingefallenen Wangen. Er sieht verloren aus, sein Körper ruckelt hin und her, als würde er versuchen, auch ohne die anderen einen Kreis zu bilden. Sein nackter Rücken ist mit Gänsehautstummeln überzogen. Mayer hält automatisch die Luft an, als er an ihm vorüberschwimmt. Er kennt den Mageren schon seit vielen Montagen. Er riecht nach ausgeschwitztem Alkohol. Mayer ist sich sicher, dass der Magere nie duscht, bevor er sich in das Becken stellt. Und dass er generell nur im Schwimmbad mit Wasser in Berührung kommt. Aber als Mayer ihn irgendwann einmal zum Abseifen aufforderte, sah der Magere ihn nur verständnislos an. Seither hält Mayer an dieser Stelle immer die Luft an und verlässt sich auf das Chlor. Chlor kann viel, das weiß er.

Als Mayer zur Kehre kommt, verändert sich gerade das Licht. Graue Winterwolken drängen an die Fensterfront und lassen den fahlen Tagesdämmer durch die Scheiben sickern. Das ist das Zeichen für den Bademeister. Mit einem Klacken schaltet er die Unterwasserbeleuchtung aus, und das Blau unter Mayers Körper erlischt.

Mayer dreht sich auf den Rücken und sieht hoch zur Decke. Man könnte, denkt er, nicht mal sagen, dass es da oben hell wird. Es ist eher so, dass die Decke greifbarer wird. Plötzlich ist man sich ihrer Anwesenheit bewusst. Er schließt die Augen und lässt sich treiben. Nur ab und zu paddelt er mit den Füßen, wenn sein Körper an die Trennseile mit den Plastikbällen stupst oder die Strömung der Sportschwimmer ihn spüren lässt, dass er ihrer Bahn zu nahe kommt. Er hat nie gelernt, wie man auf dem Rücken schwimmt, er kann nur den Toten Mann. Seine Schwester hat ihm das Brustschwimmen beigebracht, im Fluss bei der Mühle. Flussaufwärts gab es eine Fabrik, die aus offenen Rohren ihre Chemikalien ins Wasser sprudeln ließ. Oft trieben tote Fische an den herumplatschenden Kindern vorbei, mit starren Augen und Schleim vor den aufgesperrten Mäulern. Dass die Fische selbst schuld seien, weil sie Wasser geschluckt hätten, erklärte ihm seine Schwester.

Deswegen schwimmt Mayer noch heute mit geschlossenem Mund.

Hatte seine Schwester einen gelben Badeanzug?

In seinen Ohren schwappt und mulmt es. Früher fand er das beruhigend. Aber seit Elsbeth nicht mehr bei ihm ist, gefällt ihm das nicht mehr. Mayer lässt sich nicht gern auf sich selbst zurückwerfen. Es ist besser, wenn ihn Dinge von außerhalb beschäftigen. Gerüche, Farben, Bewegungen. Das macht die Rente so anstrengend, denkt Mayer. Dass man sich dieses Außen selbst organisieren muss. Aber man muss es machen. Sonst besteht die Gefahr, dass man liegen bleibt. Und sei es auf Wasser.

Die Sonne fällt ihm zuerst gar nicht auf. Sie muss direkt über ihm stehen, hoch und gleißend. Mayer kann das Licht auf seinem Gesicht spüren. Unter seinen geschlossenen Augenlidern wird es hell, eine Art fleischiges Orange. Die Wärme erinnert ihn an Sommer und Schrebergärten und Spaziergänge am See. Mayer entspannt seinen ganzen Körper in das warme Wasser hinein. Sein Herzschlag beruhigt sich, sogar ein Lächeln legt sich auf seine Lippen.

Es dauert einen Moment, bis sich die Gedanken zu ihm durchschälen. Es ist Montag, denkt Mayer, das Wasser ist kalt und blau. Aber das Wasser ist nicht kalt. Warum ist das Wasser nicht kalt? Und noch etwas hat sich verändert: Sein Körper wird geschaukelt. Als hätte ein tonnenschwerer Schaufelraddampfer im Schwimmbad angelegt und dabei riesige, hoch auslaufende Wellenlinien erzeugt. Am Chiemsee ist er mal mit so einem Dampfer gefahren, mit der Ludwig Fessler, Baujahr 1926, 220 Tonnen schwer, 1,20 Meter Tiefgang. Die Fessler fuhr zum Schloss eines Königs, der auch Ludwig hieß. Und dann zu einer Insel voller Nonnen. Aber Mayer ist nicht am Chiemsee.

Er öffnet die Augen.

Der Himmel über ihm ist offen und weit. Erst glaubt Mayer, dass jemand das Dach abgehoben hat, so wie man den Deckel einer Dose aufklappt. Aber es ist nicht nur der hohe Bau, der nicht mehr da ist. Die Steinbänke und Eingänge zu den Duschen und das gläserne Bademeisterhäuschen sind verschwunden. Auch das Becken und die zerkratzten Fliesen und die Sportschwimmer und den Mageren kann Mayer nirgends mehr entdecken. Das ganze Schwimmbad ist weg. Das Einzige, was noch da ist, ist das Wasser.

Mayer dreht sich vom Rücken auf den Bauch. Sein Kopf bleibt über der Wasserfläche, aber er lässt seinen Körper nach unten sinken, so als würde er im Wasser stehen. Seine Arme vollführen automatisch die Bewegungen, die seine Schwester ihm beigebracht hat, damit er nicht untergeht. Sein Mund bleibt fest geschlossen. Er sieht sich um.

Das Wasser ist nicht blau. Es hat eine Dunkelheit angenommen, die alle Farben zu schlucken scheint. Mayers Körper ist in sie eingetunkt wie ein Federkiel ins Tintenfass. Nur sein Kopf und sein Hals befinden sich im Licht. Die Sonne muss im Zenit stehen, sengend und hoch, direkt über Mayers Scheitel. Und dann ist da das Schaukeln. Das Wasser wogt auf und ab, es hebt Mayer näher an den Himmel heran und trägt ihn dann abwärts ins Tal. Eine kleinere Welle reißt aus, sie ist flinker und leichter und peitscht Mayer im Abwärtsstürzen mitten ins Gesicht. Unwillkürlich reißt er nun doch den Mund auf, er holt scharf Luft und atmet Sprühtropfen und schmeckt es auf seiner Zunge, ganz klar und deutlich: Salzwasser.

Es gibt keinen Zweifel. Er befindet sich auf offenem Meer.

Man müsste erschrecken, denkt Mayer. Brüllen müsste man. Er lauscht in sich hinein, aber sein Körper scheint nicht zu reagieren. Sein Herzschlag ist ruhig, seine Muskeln bleiben entspannt. Vielleicht hat er den Schreck verlernt. Das ist möglich, er ist schon lange nicht mehr erschrocken. Seit dem Moment, in dem er bemerkte, dass Elsbeth sich neben ihm nicht mehr bewegte, ist zwischen ihm und der Welt eine Art Stoßstange.

Das ist gut, denkt Mayer, so eine Stoßstange ist nützlich, man kann sich daran festhalten wie an einem Gehwägelchen. Elsbeths Beerdigung hätte er sonst nicht durchstehen können. Den verschlammten Weg, den er von der Aussegnungshalle zur Grabgrube entlangstapfen musste, dem Sarg hinterher, von dem der Nieselregen heruntertropfte – diesen Weg hätte er sonst nicht bewältigt. Und auch jetzt hilft ihm die Stange. Sie lässt ihn kühl bleiben, zumindest im Kopf. Ich muss mich orientieren, denkt Mayer. Wenn mich die HV in die Keller der Anlagen schickt, ist das auch nicht anders. Ich gucke mich um. Ich sehe, was los ist. Ich handle.

Mit der nächsten Welle lässt Mayer sich aufwärtstragen. Seine Lippen sind geschlossen, sein ganzer Körper gespannt. Kurz vor dem Wellengipfel schaufelt er sich mit seinen Handflächen in eine Drehung hinein und rotiert einmal um seine eigene Achse.

Das Meer erstreckt sich bis zum Horizont. Der Himmel sieht rund aus, wie im Dom eines Planetariums. Die Erde ist eine Kugel, die aus zwei Hälften besteht. Die Kugelhälften sitzen aufeinander, die obere hell und luftig, die untere dunkel und nass. Dazwischen schwappt Mayer wie ein wackeliger Verbindungsstift. Es gibt nichts, woran er seinen Blick festmachen könnte: keine Wolken, keine Vögel, keine Schiffe. Und erst recht kein Land.

Das ist unlogisch, denkt Mayer.

In Träumen gibt es manchmal diesen Moment, in dem man zu ahnen beginnt, dass man träumt. Meistens wacht man dann auf. Mayer träumt nie, aber Elsbeth ist eine wilde Träumerin gewesen. In jeder Nacht schlug sie um sich, sie lachte und brabbelte und weinte, und manchmal musste Mayer sie wecken. Nur in der letzten Nacht lag sie so still neben ihm, das hätte ihm viel schneller auffallen müssen.

Ich träume, denkt Mayer, als er jetzt wieder ins Wellental gespült wird, das ist die einzige Erklärung: Endlich träume ich mal. Vielleicht bin ich gar nicht ins Schwimmbad gegangen, vielleicht ist heute gar nicht Montag. Es ist Sonntag, und ich schlafe mich aus.

Aber es fühlt sich nicht an wie Schlaf. Die Sonne brennt auf Mayers Scheitel, die Luft schmeckt salzig, seine grauen

Locken sind nass von Schweiß und Salzwasser. Er kann spüren, wie die Haut in seinem Gesicht zu spannen beginnt. Und sosehr er sich auch anstrengt: Mayer wacht einfach nicht auf.

In Afrika gibt es Fische, die an Land klettern, wenn ihre Tümpel austrocknen. Sie haben Dornen auf den Kiemen und spazieren damit bis zum nächsten Gewässer. Elsbeth hat darüber einen Bericht im Fernsehen gesehen und war ganz begeistert. Sogar atmen, rief sie Mayer zu, sogar atmen können diese Fische an Land. Mayer gefiel, dass sie zu den Labyrinthfischen gehörten, das hat er sich gemerkt. Das bräuchte ich, denkt Mayer, einen Labyrinthfisch, der mich hier rauslotst.

Mayer beginnt wieder zu schwimmen, in kräftigen Stößen, nach den Regeln seiner Schwester: Körper in einer Linie dicht unter der Wasseroberfläche halten, Finger zusammen, die Beine bewegen wie Froschschenkel, Mund zu, Hals hoch. Er schwimmt, er bewegt sich vorwärts, auch wenn er nicht weiß, worauf zu oder wohin.

Als Junge hat er sich einmal im Watt verlaufen. Zur Kur war er mit anderen Nachkriegskindern an die See geschickt worden und dort seinen Betreuern ausgebüxt. Rungholt wollte er finden, eine versunkene Stadt, das klang toll. Als die Priele sich zu füllen begannen, hatte er erst gar keine Angst. Die Bewohner von Rungholt würden ihm schon zu Hilfe eilen, sie wussten bestimmt, dass er sie suchte. Mit grünen oder blauen Haaren stellte er sie sich vor, mit Schwimmhäuten zwischen den Fingern, eine ganze Heerschar freundlicher Wassermänner, die kommen würden und ihn holen. Aber sie kamen nicht, niemand kam, nur das Wasser stieg und stieg, und das Ufer war plötzlich verschwunden. Kurz bevor er den Boden unter den Füßen verlor, kam er auf die Idee, seine gelben Gummistiefel abzustreifen. Der rechte Stiefel wurde sofort von den Flutwellen gepackt und in die Tiefe gezogen. An den linken Stiefel klammerte er sich und reckte ihn, so hoch er nur konnte. Ein Fischerboot sah den gelben Stiefel auf den Wellenkämmen. Es leuchtete den Fischern entgegen, dieses Gelb, das die Sonne fing und aufstrahlte wie eine Rettungsboje. Dass er Glück gehabt habe, schimpfte ihn damals die Leiterin des Kinderkurheims, mehr Glück als Verstand, die Wassergeister hätten wohl keine Lust auf eine so junge, so dumme Seele gehabt. Zum Friedhof der Namenlosen zerrte sie ihn am nächsten Tag, zu den Gräbern unbekannter Seemänner, deren Leichen von der Flut angespült worden waren und die wohl keine gelben Gummistiefel getragen hatten. Und als er trotzdem nicht bereit war, sich zu entschuldigen, erzählte sie ihm vom Blutdurst des Meeresgottes Poseidon, der seine Opfer mit einem Dreizack aufspieße und ertränke.

Vielleicht, denkt Mayer, ist das die Erklärung für alles. Ich hätte untergehen sollen, damals. Ich bin nur durch eine List entkommen, bin dem Meeresgott entwischt, so wie die glücklichen Trottel im Märchen, die durch alle Fallen hindurchstolpern und am Schluss das Königreich und die Prinzessin abbekommen. Elsbeth war meine Prinzessin, und der gelbe Stiefel war mein Schutzmedaillon gegen die Rache des Poseidon. Und jetzt, wo Elsbeth gestorben ist und ich keine gelben Gummistiefel mehr trage, holt sich der Meeresgott, was ihm gehört.

Mayer muss den Kopf schütteln über sich selbst. Er ist doch sonst nicht so, er denkt doch sonst nicht solchen Quatsch. Als ruhig und praktisch haben ihn seine Kollegen beschrieben. Vielleicht hat er einen Schock erlitten oder die Sonne, die ihm auf den Scheitel prallt, hat ihm einen Stich versetzt und ihm die Gedanken durcheinandergebracht. Oder ihm ist doch das Hirn geschwollen, damals, und sein Leben seit dem Aufprall auf dem Unterwasserfels hat es in Wahrheit nie gegeben.

Mayer lauscht bei diesem Gedanken in sich hinein. Das Herz müsste sich ihm zuschnüren, denn dann hätte er Elsbeth nie getroffen, sie kam ja erst spät in sein Leben. Aber auch das scheint seinen Körper nicht zu beunruhigen, das Einzige, was er zu spüren beginnt, ist Durst.

Entsalzungsanlage. Das Wort fällt ihm ein, während die nächste Welle ihn aufwärtsschleudert. Es wirft ihn zurück in die Zeit, als sein ehemaliger Chef dieses Angebot bekam: die Wartung einer Anlage für Meerwasserentsalzung auf einer kanarischen Insel. Ist doch auch Wasser, ist doch dein Gebiet, sagte ihm der Chef, auf dich kann ich mich verlassen. Ich schule dich um und nehme dich mit. Elsbeth war ganz aus dem Häuschen, als Mayer ihr davon erzählte. Sie begann Paella zu kochen und spanische Sätze zu lernen, deren Bedeutung sie wieder vergaß und die sie ihm trotzdem freudestrahlend vorsprach, aber Mayer konnte sich aus seinem Land nicht lösen, nicht einmal aus seiner Stadt wollte er heraus, und auch nicht aus seinem Beruf, Haustechniker war er doch durch und durch, und eine Entsalzungsanlage war schließlich kein Haus, und so blieben sie im dunklen Deutschland, und Elsbeth begann zu verkümmern, jeden Winter ein bisschen mehr, sie wurde müder und müder, auch der Sommer weckte sie nicht mehr richtig auf, und schließlich schlief sie einfach ein und war weg.

Kann es sein, dass er hier treibt? Vor den Küsten der Kanarischen Inseln? Mayer reckt seinen Hals und sucht den Horizont noch einmal ab, nach Vulkangestein diesmal, nach schroffen Felswänden, deren Maserungen aussehen, als wären sie gemalt, nach Wolkenballungen, die sich als Berge herausstellen, aber da ist nichts, gar nichts, alles bleibt offen und leer, so leer wie es am Point Nemo sein muss, diesem abgelegensten Ort der Erde. *Pol der Unzugänglichkeit* wird der auch genannt, das fällt Meyer jetzt ein, während seine Arme schwerer und schwerer werden. Nirgendwo sonst sind Ufer so weit entfernt, über zweitausend Kilometer in jede Richtung, zwischen Neuseeland und Chile. Weltraumschrott wird dort versenkt, unbemannte Kapseln und ganze Raumstationen, die hoch über dem Pazifik zum Absturz gebracht werden und auf der Wasserfläche aufkrachen. Ein Unterwasserfriedhof für Raumschiffe liegt dort also, warum merkt er sich nur solches Zeug.

Mayers Kopf hat zu pochen begonnen. Sein Hals schmerzt vor Trockenheit, aber er widersteht der Versuchung, das Meer zu trinken, es in sich zu stürzen und zu riskieren, dass das Salzwasser ihn von innen verdorrt.

Irrt er sich, oder ist da unter ihm eine Bewegung?

Erst jetzt denkt Mayer an die Tiere, Raubfische, Medusen, Zitteraale. Bisher hat er immer Glück gehabt, egal in welchem Gewässer. Mit einer Qualle ist er mal in Berührung gekommen, irgendwo in Italien, sie streifte seine Hüfte und ein am Strand vorüberschlendernder Italiener pinkelte ihm kurzerhand auf die Wunde, das stoppte die Schmerzen.

Als Mayer seinen Blick nach unten richtet, kann er seinen eigenen Körper kaum sehen. Das Wasser ist so dunkel, es umschließt ihn vom Hals abwärts. Er weiß nicht, wie viel Abstand er zum Meeresboden hat. Tiefseerinnen könnten sich dort in der Lichtlosigkeit befinden, endlose Schluchten und Gebirgszacken, die sich ins Erdinnere bohren. Und ja, da ist etwas, etwas bewegt sich in der Tiefe.

Mayer kneift die Augen zusammen und versucht, einen Umriss zu erkennen.

Was auch immer da unten ist: Es kreist und kreist. An den Point Nemo muss er wieder denken. Die Raumstation *Mir* soll nach ihrem Eintritt in die Erdatmosphäre dort versunken sein. Vielleicht haben ihre herumschwebenden Trümmerteile sich wieder zusammengefügt und umreisen nun nicht mehr die Erde, sondern Mayer.

Tief unter ihm blitzt etwas auf, ein Lichtstrahl, der auf

Metall auftrifft, könnte das sein, aber da ist noch etwas, eine Wellenbewegung wie von langen, im Wasser wogenden Haaren. Eine Skulptur scheint sich dort unten zu formen, ein wütender Gigant aus Stahl, der seine Faust ballt und ihm etwas entgegenreckt, und einen Augenblick lang glaubt Mayer etwas zu erkennen: einen kleinen, gelben Gummistiefel.

Mayer schüttelt den Kopf, das kann nicht sein, nichts von alldem hier kann sein, er muss endlich aufwachen. Aufwachen oder auftauchen, sich einfach wieder in seinem Becken im Stadtbad einfinden, neben dem Jungen mit der roten oder gelben Badehose. Er wird auftauchen, aus dem Becken steigen, duschen, sich abtrocknen und zu seinem Spind gehen. Es wird immer noch Montag sein und das Wasser kalt. Kurz wird er in den Spiegel blicken, prüfend. Dann wird er den Mageren auf einen Kaffee einladen, der sah so verloren aus, das kann man schon mal machen.

Vielleicht gelingt es ihm, wenn er jetzt die Augen wieder schließt, ganz schnell, und das Gleiche macht wie vorhin auf der Bahn des Hallenbads: Toter Mann, auf dem Wasser liegend, die Augen geschlossen halten und treiben. Elsbeth ist schließlich auch einfach liegen geblieben und war weg.

Mayer dreht sich auf den Rücken. Er hat nicht mitbekommen, dass es dunkel geworden ist, der plötzliche Nachthimmel ist unlogisch, es gab keinen Sonnenuntergang, kein Abendrot, die Dunkelheit kam viel zu schnell.

Die Sterne funkeln über ihm, Planeten mit Lichtschweif, Sternennebel und Galaxien, so genau hat er das noch nie gesehen. Mayer liegt auf der Wasserfläche und atmet, das Schwappen der Wellen im Ohr, während um ihn herum die Weltraumschiffe und Satelliten kreisen und sich hoch oben im Kosmos eine Sternschnuppe löst, ein Himmels-körper, der über ihn hinwegzieht und erlischt.

Wie lange kann man so liegen, so schwerelos im All?

Penguin Random House Verlagsgruppe FSC® N001967

1. Auflage
Copyright © 2024 Luchterhand Literaturverlag, München,
in der Penguin Random House Verlagsgruppe GmbH,
Neumarkter Straße 28, 81673 München
Umschlaggestaltung: buxdesign | Ruth Botzenhardt unter Verwendung
eines Motivs von plainpicture / Buiten-Beeld / Misja Smits
Satz: Uhl + Massopust, Aalen
Druck und Einband: GGP Media GmbH, Pößneck
Printed in Germany
ISBN 978-3-630-87758-7

www.luchterhand-literaturverlag.de
facebook.com/luchterhandverlag